Nordseeküste
Schleswig-Holstein

Claudia Banck

► Dieses Symbol im Buch verweist auf den großen Faltplan!

direkt

Willkommen

Unterwegs an der Nordseeküste Schleswig-Holstein

Die Nordseeküste 15 x direkt erleben

Willkommen!
Mein heimliches Wahrzeichen

An der Westküste gibt es Ebbe und Flut, Deiche, salziges Vorland und wohin man auch schaut: Schafe. Fast mehr als das Land Einwohner hat. Sie grasen in den Salzwiesen, stampfen mit ihren Hufen den Boden fest und machen die Küstenschutzlinie sturmflutsicher. Zwischendurch geht der Blick zum Horizont – es tut gut, einfach mal alles hinter sich zu lassen.

Westküste: »Land im Wind«

Die Nordseeküste Schleswig-Holsteins von der dänischen Grenze bis zur Elbmündung ist eine Welt für sich, eine einsame Landschaft zwischen hohem Himmel und wildem Meer, das im Wechsel der Gezeiten kommt und geht. Vom Seedeich landeinwärts reicht der Blick kilometerweit über das flache, fruchtbare Marschland bis zum hohen Geestrücken am Horizont. Die Marsch ist ein junges Land, vor etwa 10 000 Jahren am Ende der letzten Eiszeit entstanden. Durch das Abschmelzen der Eismassen stieg der Meeresspiegel um etwa 100 m. Das Meer brach in das flache Nordseebecken ein, Sand und Schlickstoffe lagerten sich ab, Wattenmeer und Marsch bildeten sich. Ständiger Begleiter dieser Landschaft ist der Wind, manchmal nur eine leichte Brise, meist aus westlichen Richtungen, dann wieder frischt er auf und treibt die Meereswogen gegen das Land.

Dithmarschen

Südlich der Eider erstreckt sich Dithmarschen, weites, grünes Bauernland. Seine Bewohner gelten seit jeher als stolz und selbstbewusst. Bis zur Mitte des 16. Jh. konnten sie ihre Unabhängigkeit verteidigen, sich den Eroberungsversuchen der Fürsten erfolgreich widersetzen. Nicht nur im mächtigen ›Dom zu Meldorf‹ trifft man auf die Spuren dieser stolzen Zeit. An der Dithmarscher Küste liegen idyllische Kutterhäfen wie **Büsum** (▶ E 7) und **Friedrichskoog** (▶ E 8), wo man Krabben frisch vom Kutter erstehen oder mit den Fischern über Gott, die Welt und den Nationalpark klönen kann.

Halbinsel Eiderstedt

Berühmt für seinen traumhaften Sandstrand ist **St. Peter-Ording** (▶ D 6) im Westen der Halbinsel Eiderstedt, die seit 1970 zwar zum Kreis Nordfriesland gehört, aber doch ganz eigen ist. Vom einstigen Wohlstand der Fiderstedter Bauern künden zahlreiche mittelalterliche Kirchen mit wertvoller Ausstattung. Holländische Glaubensflüchtlinge, die im 17. Jh. hierher kamen, entwickelten den Haubarg – das ›größte Bauernhaus der Welt‹. Auf der Suche nach den schönsten Exemplaren dieser einzigartigen Architektur kann man die Halbinsel auf ausgedehnten Radtouren erkunden.

Die Niederländer hinterließen einen weiteren Schatz: **Friedrichstadt** (▶ E 6) – ein idyllisches Stück Holland mit Brücken, Grachten, Sielzügen und Giebelhäusern. Zu den schönsten Ausflugszielen Eiderstedts wie auch der Nordseeküste zählt der von vogelreichen Salzwiesen umgebene Leuchtturm von **Westerhever** (▶ D 6).

Nordfriesland

Die einzigen größeren Städte an der Nordseeküste sind **Husum** (▶ E 5) und **Heide** (▶ E 7), die Hauptstädte der Kreise Nordfriesland und Dithmarschen. Nordfrieslands Norden grenzt an Dänemark. In **Seebüll** (▶ D 2), kurz vor der dänischen Grenze, lebte Emil Nolde, einer der führenden Maler des Expressionismus. Seine ausdrucksstarken Blumen- und Landschaftsgemälde sind ein Fest der Farben: legendär und berühmt sein Klatschmohnrot, sein Sonnengelb und das Blaugrün seiner Wiesen. Der berühmteste Sohn Husums, der »grauen Stadt am Meer«, ist Theodor Storm, der dem Land des Schimmelreiters einen Platz in der Weltliteratur verschaffte. Zu Nordfriesland gehören die **Inseln** und **Halligen**, sie sind Ziel zahlreicher Ausflugsschiffe und Fähren. **Sylt** (▶ B/C 1–3), **Föhr** (▶ C/D 3) und **Amrum** (▶ B/C 3/4) bieten weiße Sandstrände, eine Besonderheit an der Nordseeküste, wo Grünstrände überwiegen.

Naturschätze

Der 2009 als Welterbe der UNESCO ausgezeichnete **Nationalpark Wattenmeer** ist Drehscheibe für den Vogelzug zwischen der Arktis und Afrika. Vogelbeobachter und Naturliebhaber zieht es im Frühjahr zu den ›Ringelganstagen‹ auf die Halligen. Auch das scheinbar unbelebte Watt birgt vielfältiges Leben: Etwa 2000 verschiedene Tierarten sind den Existenzbedingungen im Watt angepasst, ihr bekanntester Vertreter ist der Wattwurm, den jeder

Wattführer für seine Gäste ausbuddelt. Seehunde sonnen sich auf vorgelagerten Sandbänken, wo sie auch ihre Jungen zur Welt bringen, eine Fahrt zu den Seehundbänken gehört zu einem Urlaub an der Küste wie Ebbe und Flut. Schweinswale tauchen spielerisch durch die Wellenkämme vor Sylt und Amrum. Vor Sylt hat sich eine regelrechte ›Kinderstube‹ für Kleinwale entwickelt, darum hat man dort 1999 ein Schutzgebiet für Wale eingerichtet. Im Multimar Wattforum in **Tönning** (▶ D 6) ist ein ganzes Haus den Walen gewidmet. Auch in der Seehundstation in **Friedrichskoog** (▶ E 8) und im Robbarium des Westküstenparks in **St. Peter-Ording** (▶ D 6) erfährt man viel Wissenswertes über Wale und Robben. Viele Exkursionen der Schutzstation Wattenmeer, des Nationalparks und des Vereins Jordsand führen ins Watt, durch Salzwiesen, zu den Seehundbänken oder auf die vogelreichen Halligen.

Wo man die Krabben fangfrisch vom Kutter kaufen kann – im Hafen von Büsum

Bernstein

Nach stürmischen Tagen findet man ihn zwischen Tang, Kieseln und angetriebenem Holz im Flutsaum am Deich. Das ›Gold des Nordens‹ entstand vor rund 35 bis 55 Mio. Jahren aus dem versteinerten Harz urzeitlicher Nadelbäume. Der rohe Bernstein, den man mit etwas Glück am Strand entdeckt, gleicht nicht dem golden und warm strahlenden Schmuck im Laden. Wer nicht ganz sicher ist, ob der mattgelbe, schneeweiße, orangefarbene, hellbraune oder rötliche Stein auch wirklich ein Bernstein ist, reibe ihn an Wollsachen. Dann lädt sich der Bernstein elektrostatisch auf und zieht u. a. Papierschnipsel an. Eine andere Methode: In einem mit zwei Teelöffeln Kochsalz angereicherten Glas Wasser schwimmt Bernstein, da seine Dichte geringer als die des Wassers ist. Einfacher ist die Zahnprobe: Man klopft mit dem Stein gegen die Zähne, ein gewöhnlicher Kiesel klickt hell, Bernstein gedämpft.

Blanker Hans

Bezeichnung für die stürmische Nordsee, die immer wieder fruchtbares Land verschlingt. »Trotz nun, blanke Hans!« – das schleudert der Risumer Deichgraf laut »Nordfresische(r) Chronick« (1688) vom soeben fertiggestellten, vermeintlich sicheren Deich herausfordernd über das Meer. Wenig später brach der Deich bei der Zweiten Großen Mandränke im Oktober 1634. Detlef von Liliencron (1844–1909) übernahm den überlieferten Ausspruch als Titel seiner berühmten Ballade über den Untergang Rungholts: »Trutz, Blanke Hans!«, lautet der Refrain.

Boßeln

Vor allem im Winterhalbjahr wird geboßelt. Zwei Mannschaften treten gegeneinander an: Eine Holz- oder Hartgummikugel wird wie beim Kegeln vorwärts getrieben. Die Kugel wird jeweils dort wieder aufgenommen, wo sie liegen bleibt. Die Mannschaft hat gewonnen, die die wenigsten Würfe für eine bestimmte Strecke braucht. Außer an der Nordseeküste Schleswig-Holsteins wird noch in Ostfriesland, in den Niederlanden und in Irland geboßelt. Die Regionen tragen alle vier Jahre untereinander die Europameisterschaften aus. Zur Europameisterschaft im Jahr 2000 wurde die Associazione Boccetta Italiana su Strada aus Italien als neuer Verband zugelassen. Die 14. Boßel-EM im Jahr 2012 wird in Pesaro an der Adriaküste ausgetragen.

Ebbe und Flut

Die Gezeiten (auch Tiden genannt) bestimmen den Lebensrhythmus an der Küste. Alle 6 Std. 12 Min. läuft das Wasser ab (Ebbe) und wieder auf (Flut). Ursache für die Auf- und Abbewegung des Wassers sind die Fliehkraft der Erde und die Anziehungskraft von Mond und Sonne. Den Höhenunterschied zwischen Niedrig- und Hochwasser nennt man Tidenhub. Je nach Stellung dieser Gestirne zueinander verstärken oder verringern sich die Gezeiten. Zu einer Springtide, das heißt einer besonders hohen Flut, kommt es, wenn bei Voll- oder Neumond Sonne, Mond und Erde auf einer Achse stehen. Die Wasserstände an der Küste werden auch von den Windverhältnissen beeinflusst. Orkanartige Stürme aus Nordwest stauen die Wassermassen auf. In Verbindung mit einer Springtide kann dies zu verheerenden Sturmfluten führen.

Geest

An die bis zu 10 km breite fruchtbare Marsch grenzt landeinwärts eine viel ältere Landschaft: die Geest (›güst‹ bedeutet öde/unfruchtbar). Sie entstand im Verlauf der vorletzten Eiszeit, als kilometerdicke Gletscher von Skandinavien vorrückten und Moränen (Sand, Kies und Steine) ablagerten. Während die hoch gelegene Geest von den Sturmfluten verschont blieb, waren die Menschen in der tief gelegenen Marsch immer wieder von der stürmischen Nordsee bedroht. Andererseits erbrachten in alter Zeit die Ernten in der Marsch einen bis zu zwanzigfach höheren Ertrag als auf der kargen Geest.

Küstenschutz

Nach der großen Sturmflut 1953, bei der in Holland an die 2000 Menschen ertranken, sowie der Februarflut 1962, die in Hamburg über 300 Menschenleben forderte, verstärkte und erhöhte man überall an der Nordseeküste die Deiche. Die Küstenarbeiten sind damit keineswegs abgeschlossen. Durch den Treibhauseffekt steigt der Meeresspiegel viel schneller als erwartet – in den nächsten 100 Jahren wird ein Anstieg von 35 bis 65 cm für wahrscheinlich gehalten. Durch verschwenderische Energiewirtschaft forciert der Mensch den Treibhauseffekt und damit das Schmelzen der Polkappen. Klimaforscher rechnen mit häufigeren und stärkeren Sturmfluten in den kommenden Jahrzehnten.

»Lever duad as Slav«

Die Bewohner der Westküste gelten als stur, aber herzlich. Ihr Wahlspruch »Rüm hart, klar kimming« bedeutet »Weites Herz – klarer Horizont« und nimmt auch auf die Weltläufigkeit der weit gereisten Seefahrer Bezug. An Selbstbewusstsein fehlt es ihnen nicht. Bis heute schmückt die Inschrift »Lever duad as Slav« (»Lie-

Schatz aus dem Meer: ungeschliffener und geschliffener Bernstein

ber tot als Sklave«) die Flagge der Nordfriesen. Diese viel zitierte Zeile aus der Ballade »Pidder Lüng« von Detlev von Liliencron aus dem 19. Jh. beschreibt den Widerstand der Friesen gegen die dänische Herrschaft. Bei einem Streit drückt der Sylter Fischer Pidder Lüng den Kopf des dänischen Amtmannes in den dampfenden Grünkohltopf, bis der Däne erstickt. Dessen bewaffnete Begleiter erstechen Pidder Lüng daraufhin. Die letzte Strophe endet mit dem Refrain »Lever duad as Slav«.

Nationalpark Wattenmeer
s. S. 60

Ringelgänse

Im März treffen die Ringelgänse aus ihren Überwinterungsgebieten in den Niederlanden, Großbritannien und Frankreich im Wattenmeer ein. Bis zu ihrem Abflug Mitte Mai müssen sie ihr Körpergewicht um 20 % erhöhen, um den Flug in ihre 4000 km entfernten Brutgebiete in Nordsibirien zu schaffen. Ihre Nahrung suchen die Vegetarier vorzugsweise auf den selten gewordenen Seegraswiesen und den Grasflächen der Halligen. Wenn sie die Halligen verlassen, hinterlassen sie ›englischen Golfrasen‹, und in langen Trockenperioden verbrennt der zurückgebliebene

Daten und Fakten

Lage und Bevölkerung: Schleswig-Holstein, das an Dänemark grenzt, wird von zwei Meeren umschlossen, und zwar von der Nord- und der Ostsee. Mit einer Fläche von 15 763 km² gehört es zu den fünf kleinsten Bundesländern und hat mit 176 Einwohnern pro Quadratkilometer eine niedrige Bevölkerungsdichte. Noch dünner besiedelt als der Landesdurchschnitt sind die an der Nordseeküste gelegenen Landkreise Nordfriesland und Dithmarschen. Kreisstädte sind Husum und Heide. Zu Nordfriesland gehören die Halbinsel Eiderstedt, die Geestinseln Sylt, Föhr, Amrum, die zehn Halligen sowie die Marscheninseln Pellworm und Nordstrand, Letztere ist durch einen Damm mit dem Festland verbunden.

Wirtschaft: Ein Pflug, ein Fisch und ein Stierkopf schmücken die Großsegel der drei dreimastigen Schiffe im Wappen Nordfrieslands. Sie erinnern an die Wirtschaftsgrundlagen der Küstenbewohner: Viehzucht, Ackerbau, Seefahrt und Fischfang. An der Küste sowie auf den Inseln Föhr, Pellworm und Nordstrand spielen Rinder- und Schafzucht, aber auch der Anbau von Getreide, Raps und Mais nach wie vor eine Rolle. Die Fischerei hat wirtschaftlich gesehen nur noch geringe Bedeutung. Die Kutter im Bereich des Wattenmeers landen heute vor allem Krabben an. Wichtige Arbeitgeber sind die für den Personen- und Warenverkehr zwischen den Inseln und dem Festland zuständigen Reedereien sowie der Landesbetrieb für Küstenschutz, Nationalpark und Meeresschutz Schleswig-Holstein (LKN-SH). Der mit Abstand wichtigste Wirtschaftszweig der ländlich geprägten Region ist der Tourismus.

Sprachen: Nordfriesland ist ein Vielsprachenland. Etwa 10 000 Menschen sprechen einen von neun Dialekten der friesischen Sprache. Kerngebiete sind heute Amrum, Westerlandföhr, Ost-Sylt, Helgoland und auf dem Festland die Region um Niebüll. Gesprochen werden außerdem Plattdeutsch, Sønderjysk und Standarddänisch. Es gibt friesische und dänische Schulen, in Risum auf dem Festland existiert mit der Risum Skole/Risem Schölj auch eine dänisch-friesische Grundschule.

Ringelgänse auf dem Weg nach Norden …

Gänsekot regelrecht den Boden. Die Landwirte erhalten eine ›Ringelgansentschädigung‹, deren Höhe sich nach dem Ausmaß des Schadens richtet.

Schimmelreiter

Storm erzählt im »Schimmelreiter« die tragische Geschichte des Deichgrafen Hauke Haien, eines einfachen Bauernsohns, der gegen den Widerstand der Dorfgemeinschaft eine neue, vorn abgeflachte Form des Deiches durchzusetzen sucht, um das Land besser gegen die Sturmfluten zu schützen. Am Ende hält zwar der neue Deich, doch ein alter Deichabschnitt bricht. Hauke Haien, seine Frau und sein Kind werden von den Nordseefluten verschlungen.

Windkraft

In Reih und Glied stehen die hoch in den Himmel ragenden ›Windspargel‹ im Deichhinterland – der freie Blick über grüne Wiesen, gepflügte Äcker und gelbe Rapsfelder, für den die Küste berühmt ist, gehört in manchen Regionen der Vergangenheit an. Weitere Windkraftanlagen sind nicht erwünscht. Am 12. Dezember 2008 beschloss der Kreistag des Landkreises Nordfriesland in den Schwerpunkträumen des Tourismus keine weiteren Gebiete für Windkraftanlagen auszuweisen. Eine Alternative bietet das Meer. Windanlagen auf See (engl.: *offshore*) laufen gleichmäßiger und erwirtschaften einer Greenpeace-Studie zufolge rund 40 % höhere Energieerträge als die an Land. Für 2012 ist die Inbetriebnahme des Butendiek-Windparks 34 km westlich von Sylt geplant. Es ist die erste Offshore-Windkraftanlage vor der schleswig-holsteinischen Küste. Naturschützer sind skeptisch. Die Folgen von Offshore-Anlagen für das Ökosystem des Meeres sind kaum einschätzbar, viele Fragen sind noch offen: Werden die Vogelzüge, die Fische, die Fauna und Flora des Meeresbodens durch die riesigen Anlagen gestört? Wie steht es um den Schutz des vor Sylt und Amrum liegenden Walschutzgebietes?

Friesen und Dänen

Ab dem 8. Jh. wandern Südfriesen von der südlichen Nordsee in das seit der Völkerwanderung nur noch dünn besiedelte Gebiet des heutigen Nordfriesland ein. Das Reich Karls des Großen reicht bis an die Eider, das Gebiet nördlich der Eider gehört zu Dänemark. Die Landenge Eider–Treene–Schlei wird als Handelsweg zwischen Nord- und Ostsee genutzt. Die Siedlung Haithabu am südlichen Ufer der Schlei entwickelt sich zum bedeutenden Handelsplatz. Chronisten berichten ab 785 über erste Christianisierungsversuche unter Karl dem Großen. Noch vor 826 wird in Meldorf eine Missionskirche gebaut.

Um 1111 wird Adolf I. von Schauenburg Lehnsherr über Stormarn und Holstein, eine Blütezeit beginnt. Dithmarschen bleibt selbstständig und entwickelt sich später zur freien Bauernrepublik (bis 1559). Von 1200 bis 1203 erobert Knud VI. von Dänemark Holstein und Stormarn. Die Schlacht von Bornhöved im Jahr 1227 beendet die dänische Vorherrschaft. Die Eider bildet wieder die deutsch-dänische Grenze.

Deichbau und Sturmfluten

Im 11. und 12. Jh. war das tief liegende Marschland an der Nordseeküste durch erste große Eindeichungen vor den zunehmenden Überflutungen gesichert worden. Den Deichen zum Trotz versinken anno 1362 bei der Zweiten Marcellusflut, auch ›Grote Mandränke‹ genannt, die Uthlande (das Land vor dem Deich) im Meer. Zahlreiche Siedlungen gehen unter, darunter auch Rungholt.

Die Dithmarscher sind von den großen Sturmfluten weit weniger betroffen. Sie erstreiten 1447 ihr Landrecht mit regionaler Selbstverwaltung. 1490 wird Schleswig-Holstein zwischen Dänemark und den Gottorfer Herzögen aufgeteilt. Die Schlacht von Hemmingstedt im Jahr 1500 wird der größte Triumph der Dithmarscher Bauernrepublik. Die ›Letzte Fehde‹ 1559 führt zum Ende der Bauernrepublik. Mit Unterstützung der Gottorfer Herzöge besiegt der dänische König die Dithmarscher.

Die Burchardi-Flut, auch die ›Zweite Grote Mandränke‹ genannt, zerreißt 1634 Alt-Nordstrand.

Unter dänischer und preußischer Herrschaft

1773 wird Schleswig-Holstein dänisch. Der Schleswig-Holsteinische Kanal (Eider-Kanal), die erste durchgehende Wasserstraße zwischen Nord- und Ostsee, entsteht von 1777 bis 1784. Die Hafenstadt Tönning blüht auf. 1864 sind Preußen und Österreicher Verbündete im Krieg gegen Dänemark. Im Wiener Frieden fallen die Herzogtümer Schleswig, Holstein und Lauenburg an Preußen bzw. Österreich. Unter preußischer Herrschaft beginnt die erste große Auswanderungswelle nach Amerika.

Nach dem Ersten Weltkrieg wird 1920 eine Volksabstimmung in Nord- und Mittelschleswig über die Zugehörigkeit zu Dänemark durchgeführt. Nördlich von Flensburg entscheidet sich die Bevölkerung für Dänemark, südlich davon für Deutschland.

Das nördlichste Bundesland

1946 wird Schleswig-Holstein selbstständiges Bundesland. Im Rahmen der Kreisgebietsreform wird 1970 der Kreis

Nordfriesland gebildet. Mit Ausnahme von Helgoland, das zum Kreis Pinneberg gehört, sind die Nordfriesen erstmals in ihrer Geschichte in einer Verwaltungskörperschaft vereint. Seit 1978 wird an der Landesuniversität in Kiel wieder eine Friesisch-Professur eingerichtet; es entstehen Gebrauchswörterbücher und Lehrmittel für den Friesischunterricht. Am Friesischen Seminar der Universität Flensburg studieren angehende Friesischlehrkräfte. Seit Mitte der 1980er-Jahre wird an vielen Grundschulen des Sprachgebiets wieder Friesisch unterrichtet. Viele Ortsschilder sind zweisprachig.

Aufbruch in eine neue Zeit

1985 wird der Nationalpark Schleswig-Holsteinisches Wattenmeer gegründet. Die Küstenbewohner befürchten aufgrund der vielen Einschränkungen die Gefährdung ihrer wirtschaftlichen Existenz. Umweltschützer aber kritisieren, dass die Schutzzonen zu klein seien und der Wirtschaft zu wenige Beschränkungen auferlegt würden. 1999 wird ein neues, erweitertes Nationalparkgesetz verabschiedet. Es beinhaltet die Ausweisung eines Walschutzgebiets westlich von Sylt und Amrum. 2009 erfolgt die Auszeichnung des Wattenmeeres als Weltnaturerbe der UNESCO, die die Attraktivität des Touristenziels Westküste erhöht, die Lenkung des Tourismus in sanfte, nachhaltige Bahnen aber notwendiger denn je macht. Eine intakte Umwelt ist das Kapital der Küstenregion. Mittlerweile gibt es in der Region viele gelungene Beispiele für eine Integration von Umwelt und Tourismus: In Informationszentren des Nationalparks und verschiedener Umweltorganisationen werden Veranstaltungen für naturinteressierte Gäste angeboten, als ›nationalparkfreundlich‹ ausgezeichnete Hotels und Reedereien werben stolz mit diesem Prädikat.

Intakte Natur als Kapital erkannt – im Nationalpark Wattenmeer

Die Auswahl reicht vom preiswerten Privatzimmer in einer einfachen Pension über familienfreundliche Ferienwohnungen bis hin zum Luxushotel mit Wellnessabteilung und Gourmetrestaurant. Generell gilt, dass Unterkünfte im Binnenland günstiger sind. Küsten- und vor allem Sandstrandnähe, Seeblick und damit einhergehend ein großzügiges Kur-, Wellness- und Freizeitangebot haben ihren Preis. Wer vom Festland aus die Inseln und Halligen erkunden möchte, sollte sich in Nordfriesland in der Nähe der Fährorte Strucklahnungshörn/Nordstrand sowie Schlüttsiel und Dagebüll einquartieren. Die im Buch angegebenen Zimmerpreise gelten für ein Doppelzimmer (DZ) mit Frühstück in der Hauptsaison, in der Nebensaison gibt es erhebliche Preisnachlässe, bei Ferienwohnungen sogar bis zu 50 %.

Pauschal oder individuell?

Bei der Suche nach einem passenden Quartier helfen die Gastgeberverzeichnisse, die auf Anfrage vom Fremdenverkehrsamt bzw. der Kurverwaltung verschickt werden (Adressen sind im Buch beim jeweiligen Ort angegeben), aber auch im Internet heruntergeladen werden können.

Wer in der Hauptsaison Urlaub macht, muss frühzeitig buchen. In der Vor- und Nachsaison im Mai, Juni und September sind in der Regel noch genügend freie Unterkünfte vorhanden auf sie verweisen Schilder an der Straße.

Pauschalreisen werden häufig mit einem interessanten Aktiv- oder Wellnessprogramm kombiniert. Vor allem wer außerhalb der Saison einen Kurzurlaub einlegen will, ist gut beraten, sich nach dem Angebot zu erkundigen. In vielen Gastgeberverzeichnissen sowie auf den Internetseiten der einzelnen Regionen findet man Pauschalangebote mit konkreten Preisangaben.

Hotels und Pensionen

Die traditionsreichen Nordseebäder wie Büsum und St. Peter-Ording verfügen über ein gutes Angebot an komfortablen Wellnesshotels, ganz außergewöhnliche Luxusadressen wird man an der Nordseeküste aber nicht finden. Typisch sind familiär geführte, mittelständische Hotelpensionen mit regionaler, boden-

Bett & Bike

Der ADFC (Allgemeiner Deutscher Fahrrad-Club) hat eine Liste der radfahrerfreundlichen Unterkünfte – Hotels, Pensionen, Jugendherbergen und Campingplätze – sowie Gastronomiebetriebe in dem Katalog »Bett & Bike« zusammengestellt. Info: ADFC-Bundesverband, Stichwort »Bett & Bike«, Postfach 10 77 47, 28077 Bremen. Das Verzeichnis kann über die Website www.bettundbike.de bestellt werden (4,95 € für Mitglieder inkl. Versand, 9,39 € für Nichtmitglieder).

ständiger Küche. In den Landstädtchen im Landesinneren ist die Auswahl erheblich geringer, nicht selten gibt es nur ein Hotel vor Ort.

Ferienwohnungen

Vor allem für Familien mit Kindern ist es ratsam, ein Quartier zu wählen, das die Möglichkeit bietet, die Mahlzeiten selber zu kochen. Auch hier gibt es eine breite Palette an Angeboten. Der Mindestaufenthalt beträgt in der Regel vier Tage, in der Saison eine Woche. Zu den im Buch angegebenen Preisen für Wohnungen kommt häufig noch eine einmalige Endreinigung hinzu.

Ferien auf dem Bauernhof

Vor allem bei Familien mit Kindern ist dieser Urlaub sehr beliebt. Eine besondere Form des Bauernhofs – die Haubarge – findet man in Eiderstedt. Viele von ihnen sind vorbildlich renoviert und bieten Ferienwohnungen in allen Größen. Die Arbeitsgemeinschaft Urlaub auf dem Bauernhof gibt einen informativen Katalog mit vielen Links und Adressen heraus: AG Urlaub auf dem Bauernhof, Am Kamp 10–17, 24768 Rendsburg, Tel. 04331 945 35 82, www.bauernhof-erlebnis.de.

Jugendherbergen

Jugendherbergen stehen allen offen, Bedingung ist die Mitgliedschaft im Deutschen Jugendherbergswerk (DJH), die auch vor Ort erworben werden kann. Übernachtung im Mehrbettzimmer pro Person ab etwa 18 €, im Zweibettzimmer ab 22 €, Mitglieder über 27

Beliebt bei Familien – Ferien auf dem Bauernhof

Jahren zahlen 3 € mehr. Jugendherbergen gibt es in Albersdorf, Büsum, Friedrichstadt, Heide, Husum, Niebüll, St. Michaelisdonn und Tönning. Auf den Inseln: in List, Westerland und Hörnum auf Sylt, in Wyk auf Föhr, Wittdün auf Amrum. Infos beim DJH-Landesverband Nordmark e. V., Rennbahnstr. 100, 22111 Hamburg, Tel. 040 655 99 50, www.djh-nordmark.de.

Camping

Campingplätze findet man überall entlang der Küste, meist dicht besetzt mit Dauercampern. Kein Wunder, denn sie liegen häufig ideal in Strandnähe, bieten moderne Sanitäreinrichtungen und gute Einkaufsmöglichkeiten.

Infomaterial über Camping- und Wohnmobilstellplätze gibt es beim Verband der Campingunternehmer Schleswig-Holstein e. V., Kiefernweg 14, 23829 Wittenborn, Tel. 04554 705 65 33, www.camping-schleswig-holstein.de.

Deftig oder raffiniert?

Seeluft macht hungrig. Die Menschen an der Nordseeküste lieben deftige, bodenständige Speisen, und nach einem Spaziergang am Meer fällt auch einem kalorienbewussten Binnenländer das Zulangen nicht schwer. An der Küste schätzt man traditionelle Hausmannskost, auf den Speisekarten steht viel Fisch und Lamm. Das Fleisch der heimischen Deichlämmer, die auf Salzwiesen geweidet haben, gilt als besonders zart und aromatisch. Ausgefallen sind einige regionale Spezialitäten, ihre Zutaten oft eigenwillig kombiniert: Mag man Backpflaumen oder Speckso´sse zum Mehlbüddel? Fisch mit gedörrtem Obst? Rosinen und Graupen in der Suppe und dazu ein Schinkenbrot? Einfach mal probieren.

Aus dem Meer

Überaus reich ist das Angebot an Fisch und Meeresfrüchten. Fischbrötchen bekommt man allerorten auf die Hand, wunderbar für den kleinen Hunger. Zwischen zwei angerösteten (warmen) oder nicht angerösteten Brötchenhälften liegen Rollmops, Bismarck- oder Brathering, Krabben oder Lachs.

Scholle, Makrele und Aal werden fangfrisch serviert. Scholle gibt es in vielen Variationen. Köstlich sind vor allem die frischen, zarten Maischollen. Sie werden auf vielfältige Art zubereitet: gedünstet, gedämpft, gebraten, im eigenen Saft mit leichter Senfsoße oder deftig mit Speckstippe. Eine Delikatesse sind Matjesheringe in Sahnesoße mit Pellkartoffeln und grünen Bohnen.

Die Nordseekrabbe

Eine Tüte Krabben zu pulen gehört zu einem Nordseeurlaub einfach dazu. Achtung: Nur die ungepulten sind garantiert fangfrisch, bei den bereits gepulten besteht die Chance, dass sie schon eine Reise nach Marokko oder China hinter sich haben. Lecker sind die Krabben auf

Ob Matjes, Krabbe oder Scholle – das Angebot an Fisch und Meeresfrüchten ist riesig

Pharisäer

Das Kultgetränk an der Küste ist eine Nordstrander Erfindung: Zu einer Taufe anno 1847 war auch der Pastor, ein erklärter Feind des Alkohols, geladen. Um ihn nicht zu verärgern, wurde ihm reiner Kaffee eingeschenkt, der Kaffee der anderen Gäste aber mit einem Schuss Rum angereichert, ein Sahnehäubchen verdeckte den verräterischen Geruch. Erst als der Pastor versehentlich zur falschen Tasse griff, verstand er, warum die Runde um ihn herum immer fröhlicher geworden war. Empört rief er aus: »Oh, Ihr Pharisäer!« Eine empfehlenswerte Adresse für das Kultgetränk ist sein Entstehungsort: **Pharisäer-Hof,** Elisabeth-Sophien-Koog 3, Nordstrand, Tel. 04842 353, im Sommer Di–So 14–19 Uhr, im Winter nur Sa, So.

Brot: Auf ein mit Butter bestrichenes Stück Schwarzbrot wird eine üppige Portion Krabben gehäuft und mit zwei Spiegeleiern bekrönt. Auch im Rührei macht sie sich gut oder auf gebratenem Butt, als Salat und in Bratkartoffeln.

Kohl von der Küste

Das ›Arme-Leute-Essen‹ Kohl hat sich zur Delikatesse gemausert. Rund 100 rustikale bis raffinierte Kohlgerichte kennen die Dithmarscher: Lamm-, Rind- und Schweinefleisch, aber auch Krabben und Meeresdelikatessen bilden die Zutaten.

Mit dem ersten Frost beginnt die Grünkohlsaison. Der Grünkohl wird mit viel Speck und Zwiebeln zubereitet. Serviert wird er mit karamellisierten, süßen Kartoffeln bzw. Pellkartoffeln und Mettwurst oder Pinkel. Um die kalorienreichen Gelage besser zu verdauen, trinkt man frisch gezapftes Bier und einen Klaren, gerne im Wechsel, nach dem Motto: »Nicht lang schnacken, Kopf in den Nacken!«

Typisch norddeutsch

Der Klassiker der Seemannsküche ist das Labskaus, dessen Grundlage Kartoffeln, Zwiebeln, Corned Beef und Rote Bete sind, dazu gibt es saure Gurken und Salzheringe. Ein süßes und zugleich deftiges Hauptgericht sind Birnen, Bohnen und Speck, das allerdings nicht häufig auf den Speisekarten zu finden ist. Zu den typischen Mehlspeisen gehört der Mehlbüddel (Mehlbeutel), ein im Tuch gekochter Kloß aus Mehl, Hefe, Eiern und Milch. Obst, Specksoße oder Sirup runden den Genuss ab.

Süßes und Hochprozentiges

Zu den bekanntesten süßen Spezialitäten zählt die Friesentorte, sie besteht aus Blätterteig, Pflaumenmus und Schlagsahne. Dazu gibt es Tee auf dem Stövchen, der mit Kluntjes (weißem oder braunem Kandiszucker) und echter Sahne gereicht wird. Ein weiterer Klassiker ist Rode Grütt (Rote Grütze) – mit Milch, Sahne oder Vanillesoße übergossen.

An nasskalten Tagen kommen heiße Köstlichkeiten auf den Tisch: ein Teepunsch, ein Pharisäer oder eine Tote Tante (Kakao mit einem Schuss Rum). Grog nicht zu vergessen: Auf Rum kommt heißes Wasser und Zucker. An der Küste gilt das alte Grogrezept: »Rum muss, Zucker darf, Wasser kann.«

Anreise

Mit der Bahn

Drei bis fünf IC-Züge der Deutschen Bahn (DB) fahren tgl. von Hamburg-Hauptbahnhof gen Norden Richtung Westerland auf Sylt. IC-Bahnhöfe an der Küste sind Heide, Husum, Niebüll und Westerland/Sylt. RE-Züge (Regionalexpress) auf dieser Strecke halten auch an den folgenden Stationen: Burg (Dithmarschen), St. Michaelisdonn, Meldorf, Lunden, Friedrichstadt, Bredstedt, Langenhorn, Niebüll, Klanxbüll, Morsum/Sylt und Keitum/Sylt. Information in allen Reisezentren der Deutschen Bahn und unter www.bahn.de.

Nahezu stündlich verkehren die Züge der Nord-Ostsee-Bahn (NOB): von Hamburg-Altona (nicht Hauptbahnhof!) Richtung Westerland; Stationen sind Heide (Anschluss nach Büsum), Husum (Anschluss nach St. Peter-Ording) und Niebüll (Anschluss nach Dagebüll-Mole). Ebenfalls stündlich wird die Strecke Kiel-Husum befahren, Info: Tel. 0180 101 80 11 (3,9 Cent/Min.), www.nord-ostsee-bahn.de. Ein- bis zweistündlich wird die Strecke Niebüll-Tønder bedient, Info: Norddeutsche Eisenbahngesellschaft (NEG), Tel. 046 61 98 08 80, www.nvag.com.

Mit dem Auto

Zwei Autobahnen führen von Hamburg aus nach Norden. Auf der A 7 Hamburg–Flensburg, von der Abfahrt Schleswig/Schuby geht es auf der B 201 nach Husum; von der letzten Abfahrt vor der Grenze führt die B 199 nach Leck bzw. Niebüll. Auf der A 23 gelangt man von Hamburg nach Heide,
von dort geht es weiter über die B 5 Richtung Norden.

Mit dem Flugzeug

Der nächste internationale Flughafen ist Hamburg. Vom Flughafen gelangt man per S-Bahn in 20 Min. zum Hauptbahnhof, von dort weiter mit der DB oder der S-Bahn nach Hamburg-Altona, wo die Züge der NOB abfahren (s. o.).

Feiertage

1. Januar: Neujahr
Karfreitag bis **Ostermontag**
1. Mai: Tag der Arbeit
Christi Himmelfahrt
3. Oktober: Tag der Deutschen Einheit
25. Dezember: 1. Weihnachtstag
26. Dezember: 2. Weihnachtstag

Feste und Festivals

Biikebrennen: 21. Febr. Biike bedeutet auf Friesisch ›Bake‹ oder ›Feuerzeichen‹. Überall entlang der Küste werden große Holz- und Reisighaufen zusammengetragen, die dann lichterloh brennen. Der Brauch wird mit einem heidnischen Fruchtbarkeits- oder Opferritus in Verbindung gebracht. Heute bedeutet das Biikebrennen vor allem den Abschied vom Winter. Das Grünkohlessen danach gehört dazu.
Karneval in Marne: Rosenmontag. An der Waterkant sind die Narren los, großer Karnevalsumzug; Info: www.marnholfast.de.
Krokusblüte: Ende März/Anfang April. In Husum bedeckt ein lilafarbener Tep-

pich einer spät blühenden Krokussorte den Schlosspark.

Osterfeuer: entlang der gesamten Küste, u. a. St. Peter-Ording.

Ringelganstage: zehn Tage im April und/oder Mai. Auf den Halligen wird ein hochkarätiges Programm geboten: Ringelgansbeobachtungen, Exkursionen ins Watt, naturkundliche Halligführungen, Salzwiesenerlebnisse, Vorträge; Info: www.ringelganstage.de.

Rock die Heide: Wochenende im Mai oder Juni. Rockfestival in Heide, kein Eintritt; www.rock-die-heide.de.

Nordfriesische Lammtage: zwölf Wochen von Mai bis Juli. Die Westküste steht im Zeichen der wolligen Deichbewohner: An Tagen der offenen Tür kann man Schäfern beim Scheren zuschauen. Beim großen Lämmerball wird eine ›Lammkönigin‹ gewählt; Programminfo: www.lammtage.de.

Wattolümpiade: Juli oder Aug. in Brunsbüttel (genauer Termin im Internet). ›Schmutziger Sport für eine gute Sache‹ lautet das Motto des zweitägigen Benefiz-Events: Wattkrabbeln, Aalstaffellauf, Gummistiefelweitwurf und sind die Disziplinen, Mitmatschen erlaubt, Info und Anmeldung: Tel. 04855 89 18 30, www.wattoluempia.de. Am Vorabend? **Wattstock-Festival,** ein Benefizfestival mit Nachwuchsrockstars, Veranstaltungsort am Freizeitbad Brunsbüttel, Info: www.wattstock.de.

Heider Marktfrieden: Juli, s. S. 42.

Kutterregatten: Wochenende im Juli oder Aug., Büsum und Friedrichskoog. Prächtig herausgeputzte Krabbenkutter bieten schönste Fotomotive. Gäste sind an Bord willkommen.

Pole Poppenspäler Sommerspiele: Juli und Aug., Husum, s. S. 87.

Internationale Sommerkonzerte: Juli und Aug., im Meldorfer Dom. Mehrere Montagstermine, 20 Uhr, Info: www.kirche-meldorf.de.

Schleswig-Holstein Musik Festival: Juli und Aug. Konzerte in Schlössern, Herrenhäusern und Kirchen, aber auch in Kuhställen und Scheunen. Veranstaltungsorte an der Nordseeküste sind Heide (Tivoli), Husum (Marienkirche), Brunsbüttel (Elbeforum) und Meldorf (Dom), Info im Internet: www.shmf.de.

Musikantenbörse Garding: Juli und Aug. (8 x) Di abends um 19 Uhr, auf vier Bühnen unter freiem Himmel, das Repertoire reicht von Oldies über Folk bis zu Rock, Info: www.musik-fuer-garding.de.

Dithmarscher RockFestival: drei Tage im Aug., Marne. Mittlerweile Kult; Info: www.dithmarscher-rockfestival.de.

Raritäten der Klaviermusik: eine Woche im Aug. Stimmungsvolle Konzerte im historischen Ambiente des Husumer Schlosses, Info: www.piano-festival-husum.de.

Kunstgriff Dithmarschen: Ende Aug./Anfang Sept. 17 Tage präsentieren Dithmarscher Künstlerinnen und Künstler ihre Werke in Ateliers und Galerien; Info: Tel. 0481 97 14 07, www.kunstgriff.de.

Dithmarscher Kohltage: sechs Tage Ende Sept. Buntes Programm rund um den Kohl in verschiedenen Orten, u. a. in Wesselburen und Marne, in diese Zeit fällt auch das **Meldorfer Weberfest,** s. S. 45.

Internationales Figurentheater Festival: zehn Tage im Sept. in Husum, s. S. 86.

Husumer Filmtage: Sept./Okt., s. S. 90.

European Minority Filmfestival: Nov. In Husum zeigen Friesen, Waliser, Katalanen oder Schotten Filme in ihrer eigenen Sprache, mit deutschen oder englischen Untertiteln. Veranstaltungsort ist das Kino-Center, Neustadt 114, Husum, www.minority-film.net.

Weihnachtsmärkte: Dez., in vielen Orten an der Nordseeküste. Besonders schön ist der überdachte Weihnachtsmarkt im Packhaus am Hafen in Tönning; an allen Adventswochenenden.

Gesundheit und Kur

Dank der von Westen über das Meer herangeführten staub- und keimfreien Seeluft sowie der von der Brandung fein zerstäubten Mineralstoffe gilt das Nordseeklima als ausgesprochen heilkräftig. Im Meerwasser sind Mineralien und Spurenelemente gelöst, die, von Wind und Brandung aufgestäubt, mit jedem Atemzug aufgenommen werden und für eine Stärkung des Wohlbefindens und der Leistungsfähigkeit sorgen. Durch vernünftig dosierte Sonnenbestrahlung verbessert sich die Haut, wird ihre Vitamin- und Hormonproduktion angeregt. Die Wärme- und Kältereize fördern den Stoffwechsel und härten den Körper ab. Ein Kuraufenthalt empfiehlt sich besonders bei Erkrankungen von Lungen und Bronchien, Herz, Kreislauf und Haut, Allergien, Schlaflosigkeit sowie Erschöpfung. Trotz Gesundheitsreform ist es auch heute noch möglich, eine Kur bewilligt zu bekommen. Der Weg zur Kur, sei es eine ambulante Vorsorgekur oder eine stationäre Rehabilitationskur, läuft über den Hausarzt, der ihre Notwendigkeit bestätigt. Die Kurmittelhäuser stehen auch Nicht-Kurenden offen, alle Kurmittel, die nicht verschreibungspflichtig sind, können auf eigene Rechnung in Anspruch genommen werden.

In allen Bade- und Kurorten wird großer Wert auf ein ausgewogenes Gesundheitsprogramm gelegt: morgendliche Strandgymnastik, Vorträge mit Anleitung und Hinweisen zum gesünderen Leben, Wassergymnastik, Lauftreffs usw.

Die Teilnahme ist für Urlauber mit Kur- bzw. Gästekarte in der Regel kostenlos oder stark ermäßigt. Informationen erhält man vor Ort.

Informationsquellen

Nordsee-Tourismus-Service GmbH
Zingel 5
25813 Husum
Info-Hotline: 01805 06 60 77 (14 Cent pro Min.)
tgl. 8–21 Uhr
www.nordseetourismus.de

Infos vor Ort
In allen größeren Orten gibt es eine Touristeninformation oder Kurverwaltung, in der man Ortspläne, Infos zu Öffnungszeiten und Events, Busfahrpläne und Gastgeberverzeichnisse erhält. Die Adressen sind im jeweiligen Kapitel angegeben.

Die Westküste im Internet
www.nordseetourismus.de: Schön gemachte Seiten mit vielen aktuellen Informationen über die schleswig-holsteinische Nordseeküste. Über die Menüleiste gelangt man zu den einzelnen Orten der Region, aber auch zu Museen, sportlichen Aktivitäten, Erlebnisbädern, Verkehrsverbindungen, naturkundlichen Infozentren, Bestellung und Download von Broschüren.
www.nordfriesland-online.de: Ein informatives Portal über den Kreis Nordfriesland mit aktuellen Gemeindenachrichten, Adressen und Tipps für Veranstaltungen und regionalen Magazinen.
www.erlebnistouren-nordfriesland.de: Gut ausgearbeitete Erlebnisbausteine für Ausflüge und Tagestouren in und um Nordfriesland, inkl. Links zu den jeweiligen Anbietern.

www.kuestenforum.de: Teils sehr aktuelle Beiträge, die sich auch auf die Nordfriesischen Inseln beziehen. Ausführliche Erfahrungsberichte, Meinungen und schöne Bilder. Die Registrierung und Nutzung des Forums ist kostenlos.

www.norddeutscher-klimaatlas.de: Spannende Auseinandersetzung mit den möglichen künftigen Auswirkungen des Klimawandels in Norddeutschland.

www.museen-sh.de: Übersichtliche Portalseite mit Informationen zu allen Museen, nach Orten sortiert. Kinder und Jugendliche können die kostenlose MuseumsCard herunterladen.

www.bsh.de: Auf der Seite des Bundesamtes für Seeschifffahrt und Hydrographie können in der Rubrik ›Sport und Freizeit‹ strandaktuelle Informationen zu Wasser- und Lufttemperatur, Wasserstand, Wind und Wellen, die Auf- und Untergangszeiten von Sonne und Mond abgerufen werden.

Kinder

Spaß am Strand

Die Nordseeküste ist ein Kinderferienparadies: nach Herzenslust baden oder buddeln, bauen, matschen, Muscheln suchen. Der Ferienalltag ist aufregend und abwechslungsreich: Mal ist das Meer da, mal ist es weg. Bei Niedrigwasser kann man auf dem Meeresboden spazieren gehen, mit dem Kescher in Prielen nach Krabben fischen, Seesterne, Muscheln und Bernstein suchen.

Die Strandlandschaft ist vielfältig. Grün oder weiß – das ist die Frage. Wen es nervt, wenn der Sand am frisch eingecremten Körper klebt, sollte Grünstrand wählen. Hier findet man kurzgeschorenen Rasen auf dem Deich, Strandkörbe, einen Spielplatz mit Sand-

kasten, Kaltwasserduschen und fast immer grasende Schafe in der Nähe.

Einige der für einen Strandurlaub unentbehrlichen Dinge wie Strandspiele oder ein Schlauchboot sollte man schon von Zuhause mitbringen. Denn für Piratenflaggen, Kescher oder Schnorchel muss noch einiges investiert werden …

Kinderfreundliche Unterkünfte

Ein Traum ist der Urlaub auf dem Bauernhof, ob in der Husumer Bucht, auf der Halbinsel Eiderstedt oder in Dithmarschen: Trecker fahren, im Heu toben, mit Katzen und Lämmern kuscheln oder auf Ponys reiten – die Auswahl ist groß. Auch die Heuhotels sind ganz auf Kinder eingestellt, die es spannend finden, im Schlafsack auf Heu und Stroh zu übernachten (s. S. 15). In Gastgeberverzeichnissen sind kinderfreundliche Unterkünfte häufig gesondert gekennzeichnet.

Essen gehen

In den meisten Restaurants sind Kinder willkommen, in vielen gibt es Spiel- oder Malmöglichkeiten. Fast überall stehen Kindergerichte auf der Karte, am häufigsten Fischstäbchen, Spaghetti und Pommes, nicht sehr vielfältig – aber eigentlich doch genau das, was die meisten Kinder möchten.

Ausflugsziele

Von jedem Hafen werden Fahrten zu den Seehundbänken angeboten. Oftmals gehört dazu ein Schau-Fischfang. Wenn das triefende Netz an Bord gehievt wird und sich ein wimmelnder, wuselnder Strom in eine mit Wasser gefüllte Kiste ergießt, wird sichtbar, was sonst verborgen am Meeresgrund lebt. Krebse, Schollen, Seeigel, Seeskorpione. Am meisten lieben Kinder die Seesterne. Viele Watt- und Strandexkursionen sind speziell für Familien mit Kindern gedacht.

Viel zu entdecken gibt es in den bunten Fischerhäfen. Der Sommer ist Regatta-Saison: Anlässlich von Hafenfesten nehmen die Fischer Gäste an Bord, zukünftige kleine Weltenbummler dürfen vorne beim Kapitän sitzen. Interesse wecken die Halligen, die bei Sturmflut Land unter melden müssen. Dann fällt der Schulunterricht aus und die Hausaufgaben werden per Telefon weitergegeben. Die Halligen Oland und Gröde sind so klein, dass auch die jüngsten Wanderer bei einer Erkundungstour nicht ermüden.

Klima und Reisezeit

Der Einfluss des Meeres und der wärmende Golfstrom bescheren der Küste ein verhältnismäßig mildes Meeresklima ohne extreme Temperaturgegensätze. Im Sommer sind schwüle und drückend heiße Tage selten, im Winter wird es nur bei anhaltendem Ostwind so richtig eisig kalt, die Durchschnittstemperaturen liegen in den Wintermonaten über dem Gefrierpunkt. Charakteristisch für die Küste ist der meist aus westlichen Richtungen kommende, oft stürmische Wind.

Die beliebteste Reisezeit liegt zwischen Mai und September. Von den Oster- bis zu den Herbstferien sind alle Museen, Schwimmbäder, Hotels, Pensionen und Campingplätze geöffnet. Für Familien mit Kindern, die gerne buddeln und baden, sind die Hauptferienmonate Juli und August ideal.

Was die Natur anbelangt, bieten Frühjahr und Herbst die schönsten Stimmungen. Wenn die Zugvögel auf dem Weg zu ihren Brutgebieten bzw. Winterquartieren im Wattenmeer rasten, ist das Vogelleben am interessantesten.

Ein Kurzurlaub im Winter erfreut sich zunehmender Beliebtheit, jedoch sind in dieser Jahreszeit viele Betriebe geschlossen, die meisten Öffnungszeiten sind reduziert, ein nennenswertes Unterhaltungsprogramm wird nur noch in den größeren Badeorten geboten. Ausnahme: zwischen Weihnachten und Silvester herrscht Hochsaisontrubel.

Klimadiagramm Sylt

J	F	M	A	M	J	J	A	S	O	N	D

Mittlere Tagestemperaturen in °C
3 3 5 9 14 17 18 19 16 12 8 4

Mittlere Nachttemperaturen in °C
-1 -1 1 4 8 12 13 14 12 8 4 1

Mittlere Wassertemperaturen in °C
4 3 4 6 10 13 16 17 15 13 9 6

Sonnenstunden/Tag
2 3 4 6 8 8 7 7 5 3 2 1

Regentage/Monat
12 8 10 9 8 9 11 11 13 13 16 13

Reisen mit Handicap

Der Mobilitätsservice der Deutschen Bahn gibt Reiseauskünfte für Menschen mit Handicap sowie Tipps und Links für barrierefreies Reisen, Tel. 01805 51 25 12 (14 Cent/Min.), die Broschüre »Mobil mit Handicap« lässt sich auch im Internet herunterladen unter www.bahn.de/handicap.

Viele Tourismusorganisationen geben Broschüren für den barrierefreien Urlaub heraus, die man oftmals auch im Internet herunterladen kann. In den Gastgeberverzeichnissen ist vermerkt, welche Unterkünfte behindertengerecht sind.

Sicherheit und Notfälle

Telefonnummern lokaler Rettungsstationen stehen auf Schildern am Zugang zum Strand und an den DLRG-Stationen.

Polizei: 110

Feuerwehr: 112

Krankenhäuser/Notarzt: Westküstenklinik Brunsbüttel, Delbrückstr. 2, Tel. 04852 98 00, www.wkk-online.de; Westküstenklinik Heide, Esmarschstr. 50, Tel. 0481 78 50, www.wkk-online.de; Kreiskrankenhaus Husum, Erichsenweg 16, Tel. 04841 66 00, www.klinikum-nf.de; Kreiskrankenhaus Niebüll, Gather Landstr. 75, Tel. 04661 151, www.klinikum-nf.de; Kreiskrankenhaus Tönning, Selckstr. 13, Tel. 04861 61 10, www.klinikum-nf.de

Pannenhilfe: ADAC Pannendienst aus dem Festnetz Tel. 0180 222 22 22; über das Handy ohne Vorwahl aus allen Netzen 22 22 22

Sperrung von EC- und Kreditkarten: Tel. 11 61 16

Diplomatische Vertretungen: Botschaft der Republik Österreich in Berlin, Tel. 030 20 28 70; Botschaft der Schweiz in Berlin, Tel. 030 390 40 00

Die Grünstrände entlang der Küste sind für Rollstuhlfahrer in der Regel gut zugänglich. Für Sandstrände kann man in vielen Badeorten Strand-Rollstühle mieten (Info in der Kurverwaltung bzw. Touristeninformation).

Sport und Aktivitäten

Angeln

Die schleswig-holsteinische Nordseeküste bietet alles vom Süßwasserangeln bis zur Küsten- und Hochseefischerei. Wer seine Angel ins Wasser hält, braucht einen Fischereischein. Das Angeln im Meer ist kostenlos. Für die meisten Binnengewässer muss man einen Berechtigungsschein erwerben, der in der Regel über die Kurverwaltungen erhältlich ist. Angelgewässer im Binnenland sind der Nord-Ostsee-Kanal, die Eider und die Treene. Von allen Häfen, u. a. Dagebüll, Strucklahnungshörn, St. Peter-Ording und Tönning, werden Kutterfahrten für Angler angeboten. Allgemeine Informationen zu Revieren und Angelscheinen:

Landessportfischerverband Schleswig-Holstein
Papenkamp 52, 24114 Kiel
Tel. 0431 67 68 18
www.lsfv-sh.de.

Baden und Strände

Die Festlandküste ist Wattenmeerküste, an der grüne Strände überwiegen. Berühmt für seinen 12 km langen Sandstrand, eine vorgeschobene Sandbank, ist **St. Peter-Ording. Büsum** verfügt sowohl über Grün- als auch Sandstrand. Das Baden im Meer ist abhängig von Ebbe und Flut. Das bedeutet, dass an heißen Sommertagen das Wasser nicht unbedingt da ist, wenn man es sich am meisten wünscht. Den Tide-Kalender mit den Hoch- und Niedrigwasserzeiten erhält man in der Kurverwaltung.

Achtung: Die Gefahren der Nordsee darf man nicht unterschätzen. Baden sollte man grundsätzlich nur bei auflaufendem Wasser. Der Ebbstrom bei ablaufendem Wasser kann so stark sein, dass auch geübte Schwimmer ins Meer gezogen werden. Mit Kindern ist man am besten an den von der DLRG bewachten Badeständen aufgehoben. Die Badezeiten sind angeschrieben. Zu diesen Zeiten flattert eine DLRG-Fahne, Rettungsschwimmer überwachen den Strand. Ein hochgezogener schwarzer Ball bedeutet: Badezeit. Ein roter Ball zeigt an, dass die Badesituation für Kinder und Nichtschwimmer zu gefährlich ist. Zwei rote Bälle bedeuten generelles Badeverbot.

Wasserqualität: Der ADAC gibt dem Wasser an der deutschen Nordseeküste alljährlich die besten Noten. Das Schwimmen in der Nordsee ist an allen Stränden unbedenklich (s. auch Infos unter www.badewasserqualitaet.schleswig-holstein.de).

Golf

Nach Vorlage des Mitgliedsausweises eines anerkannten Clubs (DGV) sind Gastgolfer in den Golfclubs an der Küste willkommen. Für Neugierige und Anfänger gibt es Schnupperstunden. Golfanlagen gibt es u. a. in **Schwesing,** Tel. 04841 722 38, www.gc-husumerbucht.de; in **St. Peter-Ording,** Tel. 04863 35 45, www.ngc-spo.de; in **Tating,** Tel. 04863 95 50 60, www.egansgolf.com; in **Büsum,** Tel. 04834 96 04 60, www.gc-dithmarschen.de.

Eine Übersicht über Anlagen, Preise und Kursangebote bietet die Website www.golfkueste-schleswig-holstein.de. Einige der Golfanlagen sind Teilnehmer der golfküsten*-card bzw. der golfküsten*card flexibel, die einige Vergünstigungen bieten, sie kosten 149 € bzw. 89 €.

Inlineskaten

Ideale Strecken sind die glatt asphaltierten Pisten vor und hinter dem Deich. Aber aufgepasst: Hier verkehren auch die Radfahrer und die Schafe, Vorsicht Schafschiet!

Auf Nordstrand findet jedes Jahr am Sonntag nach Himmelfahrt das **Nordsee-Skating** statt (s. S. 95).

Kanu- und Paddelbootfahren

In der Eider-Treene-Sorge-Niederung finden Kanuten ideale Voraussetzungen. Über die Treene geht es dann im Holländerstädtchen Friedrichstadt in die Eider. Ein beliebtes Revier ist der **Bottschlotter See** bei Fahretoft, 10 km südlich von Niebüll. Ausführliche Toureninformation: **Kanu-Service Südtondern,** 25899 Waygaard, Tel. 04674 865, www.kanu-service.de, Verleih von Kajaks und Kanadiern, die an jeden Ort gebracht bzw. von jedem Ort abgeholt werden.

Nordic Walking

Die Begeisterung für Nordic Walking hält an, in allen größeren Orten gibt es Kurse und Lauftreffs: Der **Nordic Walking Park Dithmarschen** bietet elf Nordic-Walking-Routen in verschiedener Länge und mit unterschiedlichem Schwierigkeitsgrad, insgesamt 110 km: rund um Büsum, im Speicherkoog, in den südlichen Kögen um Friedrichskoog und bei Brunsbüttel. In Nordfriesland bietet der **Nordic Walking Park Niebüll** sieben Routen von insgesamt 40 km Länge. Jedes Jahr im Juni findet der Nordic Walking Halbmarathon in St. Peter-Ording statt.

Rad fahren

Die platte Nordseeküste Schleswig-Holsteins ist – abgesehen vom Wind – ein ideales Radfahrerland. Das Radwege- und Wandernetz ist hervorragend gekennzeichnet. Routenbeschreibungen und Kartenmaterial gibt es im Buchhandel, außerdem bei den Kurverwaltungen und Fremdenverkehrsämtern. Wer längere Touren plant, sollte die Windrichtung bedenken. Besser ist es, den Gegenwind auf dem Hinweg zu haben, denn auf dem Rückweg ist man schon etwas erschöpft. Im Sommerhalbjahr sind viele Busse auf den Transport von Fahrrädern eingestellt.

In allen größeren Orten findet man Fahrradverleihe mit einem großen Angebot an Hollandrädern, Mountainbikes, Tandems, Kinderrädern, Sicherheitssitzen, Gepäckkörben und Anhängern. Wer wochenweise mietet, kommt erheblich billiger weg. Radreiseangebote und Planungshilfe findet man unter www.nordsee-radreisen.de.

Fernradwege: Der international einheitlich ausgeschilderte **Nordseeküstenradweg** führt immer parallel zur Küste einmal um die Nordsee durch sieben Länder. Es gibt eine kostenlose Übersichtskarte »North Sea Cycle Route« sowie das bikeline-Radtourenbuch »Nordseeküsten-Radweg, Teil 3: Schleswig-Holstein. Von Hamburg nach Sylt« mit Karten, Übernachtungsadressen und nützlichen Informationen (www.nordseekuestenradweg.de, www.northseacycle.com). Ebenfalls gut ausgezeichnet sind der 325 km lange **Nord-Ostsee-Kanal-Weg** (www.nok-route.de), der 240 km lange **Eider-Treene-Sorge-Radweg** (www.eider-treene-sorge.de) und der 180 km lange **Wikinger-Friesenweg** von St. Peter-Ording zur Ostsee (www.wikinger-friesen-weg.de). Informationen im Internet: www.sh-radfahren.de.

Reiten

Zahlreiche Reiterhöfe bieten Unterricht, Ausritte, Voltigieren und Ponyreiten für Kinder, einige auch Unterkunft für Reiter und Pferd an. In der Regel muss man vor dem ersten geführten Ausritt Probe reiten, um sein Können unter Beweis zu stellen. Aber dann kann es losgehen zum Ritt durch die Marsch, das Watt und über den Strand. Die Adressen der Reiterhöfe sind in den Gastgeberverzeichnissen aufgelistet.

Segeln und Surfen

Gelegenheit zum Segeln und Surfen gibt es entlang der ganzen Küste. Zum **Surfen** sind die Bedingungen für Anfänger in den stehtiefen Speicherseen hinterm Deich ideal, so beispielsweise im **Meldorfer Speicherkoog** und im **Katinger Watt.** Ein Mekka für Surfer ist auch **St. Peter-Ording,** dem Drehort der Kultserien: »Gegen den Wind« und »Die Strandclique«.

Wer im Wattenmeer **segeln** möchte, beispielsweise von Hallig zu Hallig, sollte sein eigenes Boot mitbringen. Gutes Kartenmaterial ist unerlässlich. Das Wattenmeer mit seinen sich stetig verändernden Prielen, Sandbänken, Untiefen ist ein schwieriges Revier. An der Küste verfügt nur Büsum über einen tideunabhängigen Hafen. Website von Seglern: www.kuestenfahrer.de.

Wandern

Nur zu Fuß kann man sich auf der Deichkrone, durchs trockengefallene Watt und auf den Sandstränden bewegen. Das Wander- und Radwegenetz ist hervorragend gekennzeichnet. Für den Rückweg bieten sich oftmals Busse an. Naturschutzverbände laden zu einer breiten Palette natur- und vogelkundlicher Exkursionen ein. **Wattwandern** steht überall entlang der Küste auf dem Programm, die Termine in den örtlichen Veranstaltungskalendern gelistet.

Sprache

Wer sich für die friesische Sprache interessiert, wende sich an das **Nordfriisk Instituut,** Süderstr. 30, 25821 Bredstedt (Bräist), Tel. 04671 601 20, www.nordfriiskinstituut.de. Nordfriesische Bi-

Nahverkehr im Netz

www.nah-sh.de: öffentlicher Nahverkehr in Schleswig-Holstein, mit Routenplaner
www.nord-ostsee-bahn.de: Fährpläne u. a. für die Zugstrecken nach Husum und nach Westerland
www.neg-niebuell.de: Bahnverbindung Niebüll–Dagebüll, Niebüll–Tønder.
www.autokraft.de: über eine Suchmaske regionale Busverbindungen auf dem Festland
www.syltshuttle.de/site/syltshuttle/de/start.html: Nonstop-Autozug von Niebüll nach Westerland
www.sylt-faehre.de: Autofähre Rømø–List/Sylt
www.faehre.de: Autofähre Dagebüll–Föhr–Amrum, ebenso Hooge und Langeneß
www.faehre-pellworm.de: Autofähre Strucklahnungshörn/Nordstrand–Pellworm
www.adler-schiffe.de: Insel- und Hallighopping (ohne Auto, aber mit Rad) zwischen Nordstrand und Sylt
www.rahder.de: in der Saison tgl. Helgolandfahrten ab Büsum, aber auch Fahrten zu den Seehundbänken
www.helgolandreisen.de: in der Saison tgl. Helgolandfahrten ab Büsum.

bliothek mit rund 15 000 Bänden, Auswandererarchiv, Sprachkurse.

Telefon und Internet

Telefonzellen werden immer rarer, aber es gibt sie in jedem Ort; mit wenigen Ausnahmen sind es Kartentelefone. Telefonkarten erhält man in Postfilialen, Zeitungsgeschäften, Souvenirläden und Tankstellen.

Die Erreichbarkeit über Handy an der Nordseeküste (und im Watt!) ist lückenlos.
Vorwahlen: Österreich 00 43, Schweiz 00 41, Deutschland: 00 49.

Internetzugang bieten so gut wie alle größeren Hotels, auch viele kleinere Häuser und Campingplätze haben mittlerweile WLAN-Verbindung und die Zahl der WLAN-Hotspots wächst. Internetcafés gibt es in den größeren Orten, und die meisten größeren Touristeninformationen bieten Internetzugang. Die ersten 15 Minuten sind häufig kostenfrei.

Verhalten in der Natur

Dünen schützen die Inseln zur offenen See hin wie ein Deich. Es ist nicht erlaubt, sie abseits der ausgewiesenen Pfade zu durchstreifen – die Überwege zum Strand sind mit Pricken (umgedrehten Reisigbesen) gekennzeichnet.

Schilder, die das Betreten von Schutzzonen und Brutgebieten untersagen, unbedingt beachten. Hunde sind immer und überall an der Leine zu führen. Wanderer und Wassersportler müssen mindestens 300 m Abstand von größeren Vogelansammlungen halten, um die Tiere nicht aufzuscheuchen. Drachen steigen zu lassen, ist in allen Naturschutzgebieten untersagt.

Vor den Liegeplätzen der Seehunde sollte man mindestens 500 m Abstand halten. Wild lebende Tiere wie Fasane, Enten und vor allem die allgegenwärtigen Möwen sollten nicht gefüttert werden. Einige Möwenarten haben sich in den letzten Jahren auf Kosten anderer Vögel stark vermehrt.

Verkehrsmittel

Bus und Bahn

Schleswig-Holstein verfügt über ein dichtes Buslinennetz zwischen allen größeren Orten. Von den Bahnhöfen verkehren Busse zur Küste bzw. zu den Fähranlegern. Wer eine etwas abgelegene Unterkunft in der Marsch gebucht hat, wird ohne Auto allerdings Schwierigkeiten haben. Im Sommerhalbjahr sind viele Busse auf den Transport von Fahrrädern eingerichtet.

Die Nord-Ostsee-Bahn (NOB) verkehrt stündlich zwischen Husum und St. Peter-Ording, Info: s. S. 18.

Schiff

Fährverbindungen: Mit der Fähre gelangt man das ganze Jahr über zu den Inseln und Halligen, die Mitnahme von Autos ist möglich, sollte aber vorab gebucht werden – online oder telefonisch: Von Dagebüll bzw. Schlüttsiel geht es nach Föhr, Amrum, Hooge und Langeneß: **Wyker Dampfschiffs-Reederei,** Tel. 01805 08 01 40 (14 Cent/Min. aus dem dt. Festnetz), Tel. 01801 93 79 37 (Servicenummer Nahbereich Föhr, Amrum, Halligen zum Ortstarif), www. wdr-wyk.de oder www.faehre.de. Von Strucklahnungshörn/Nordstrand nach Pellworm, **Neue Pellwormer Dampfschifffahrts-GmbH,** Tel. 04844 753, www.faehre-pellworm.de.

Ausflugsfahrten: Fast unüberschaubar ist das Angebot an Schiffsausflügen im Sommerhalbjahr. Abfahrtshäfen sind Büsum und Husum, das Eidersperrwerk, Strucklahnungshörn/Nordstrand, Dagebüll und Schlüttsiel. Ziele sind die Halligen und Inseln im Wattenmeer sowie Helgoland. Die Adressen der Reedereien werden im Reiseteil bei den einzelnen Orten genannt. Fahrpläne und Termine für Ausflugsfahrten liegen an den Häfen und in den Touristeninformationen aus.

Der Umwelt zuliebe – nachhaltig reisen

Wem ein verantwortungsvoller Umgang mit der Natur am Herzen liegt, der ist an der schleswig-holsteinischen Nordseeküste gut aufgehoben: Seit 1985 ist das schleswig-holsteinische Wattenmeer Nationalpark, seit 2009 Weltnaturerbe. Sanfter Tourismus hat höchste Priorität. Viele Naturschutzorganisationen bieten naturkundliche Exkursionen, Vorträge und Ausstellungen an. Wer seinen Urlaub umweltschonend verbringen möchte, findet unter **www.nationalpark-part ner.de/sh** touristische Betriebe, die von der Nationalparkverwaltung als besonders umweltfreundlich ausgezeichnet wurden. Dazu gehören Hotels, Ferienwohnungen und Jugendherbergen ebenso wie Restaurants und Schankwirtschaften, die regionale Speisen anbieten. Auch Reedereien, Reiseveranstalter und Gästeführer sind Nationalpark-Partner und in den Listen verzeichnet. Diese Übernachtungs- und Gastronomiebetriebe sind zusätzlich viabono-zertifiziert. Die Adressen von umweltbewusst und nachhaltig wirtschaftenden Betrieben findet man unter: **www.viabono.de.**

Unterwegs an der Nordseeküste

In Westerhever, am westlichen Ende der Halbinsel Eiderstedt, erhebt sich der bekannteste und schönste deutsche Leuchtturm. Bei Sturmflut und rauem Wetter wird er von der Brandung umtost, im Herbst rasten hier Tausende von Wildgänsen. Abends, wenn die Sonne das Meer in unzählige Rot- und Goldtöne auflöst, ist es hier zauberhaft still. Solche Momente machen die Nordseeküste so unwiderstehlich …

Dithmarschen

Brunsbüttel ▶ F 9

Bei Brunsbüttel (ca. 13 000 Einw.), an der Mündung des Nord-Ostsee-Kanals in die Elbe, nimmt die schleswig-holsteinische Nordseeküste ihren Anfang. Größter Anziehungspunkt ist die Lage des Ortes am Fluss und am **Kanal** (**direkt 1** ▶ S. 31): Die Schleuse passieren täglich große und kleine Schiffe aus aller Welt, ›Shipseeing‹ ist Kult. Das einstige Dorf lag ursprünglich weiter draußen im Elbbett, wurde aber im 17. Jh. wegen der steigenden Elbe samt Friedhof an den heutigen Platz verlegt. Der alte Ortsteil bildet einen Kontrast zum ›modernen‹ Brunsbüttel, dessen Leben vom Schiffsverkehr und dem seit Anfang der 1970er-Jahre angesiedelten Industriekomplex mit chemischen und petrochemischen Betrieben, einem Tiefwasser- sowie Landes- und Ölhafen und einem Kernkraftwerk bestimmt wird. Letzteres ist seit 2009, nach mehreren Störfällen, nicht mehr in Betrieb und soll spätestens 2012 endgültig vom Netz gehen.

Kirch- und Marktplatz

Den Mittelpunkt des alten Brunsbüttel säumen hübsche Fachwerkbauten aus dem 18./19. Jh. Das **Matthias-Boie-Haus** von 1779 (Markt 12) gilt als eines der schönsten Fachwerkhäuser Dithmarschens. In der Mitte des Platzes erhebt sich die 1679 geweihte **St.-Jakobus-Kirche,** die nach der Zerstörung durch einen Blitzschlag in der heutigen Form wieder aufgebaut wurde (1723–1726). Eines der Prunkstücke der Ausstattung ist die Fürstenloge aus dem frühen 18. Jh. Der Holzaltar aus dem 17. Jh. gehört zu den schönsten seiner Art in Nordeuropa.

Heimatmuseum

Markt 4, Tel. 04852 7212, www. museum-brunsbuettel.de, März–Okt. Di, Do, Sa, So 14.30–17.30, Mi 10–12 Uhr, Eintritt frei
Einer der Schwerpunkte der Ausstellungen liegt auf der Darstellung der maritimen Geschichte der Stadt und ihrer Bewohner, zu denen Lotsen, Bauern, Torfstecher und auch die weit gesegelten Kap Hoornies (Kapitäne, die auf Frachtsegelschiffen das Kap Hoorn umsegelten) zählten.

Schleusenanlagen mit Atrium

s. S. 31, 32

Kulturpfade

Fünf verschiedene, themenorientierte Routen führen durch Brunsbüttel; Schautafeln informieren über Architektur, Deichbau und Entwässerung, Industrie, moderne Kunst im öffentlichen Raum, Schleusen und Kanal. Die Touren sind mit dem Auto oder Fahrrad machbar, Faltblätter sind erhältlich in der Touristeninformation.

Übernachten

Alteingesessen – **Hotel Zur Traube:** Markt 9, Brunsbüttel, ▷ S. 34

1 | Immer am Kanal entlang – von Brunsbüttel nach Burg

Karte: ▶ F/G 8/9 | **Radtour entlang des Nord-Ostsee-Kanals:** ca. 32 km

Das ›Silberband zwischen den Meeren‹ führt von Brunsbüttel nahe der Elbmündung quer durch Schleswig-Holstein nach Kiel-Holtenau. An Schiffen aus aller Welt herrscht kein Mangel, fast hautnah passieren weiße Kreuzfahrtschiffe, riesige bunte Containerfrachter oder kleine Segeljollen – eine faszinierende Mischung aus ländlicher Idylle und weiter Welt.

Zwischen den Meeren

Der Nord-Ostsee-Kanal erspart seit seiner Eröffnung im Jahr 1895 die Passage um den stürmischen Skagerrak und damit einen Weg von rund 250 Seemeilen. Während die Fahrt zwischen Kiel und Brunsbüttel heute je nach Verkehrsdichte und Schiffsgröße noch 6,5 bis 8,5 Stunden dauert, benötigte man früher etwa drei Tage für die gefahrvolle Umrundung Jütlands.

Der ›Kiel-Canal‹, so der internationale Name des Nord-Ostsee-Kanals, ist heute die meistgenutzte künstliche Wasserstraße der Welt. Um seine Bedeutung hervorzuheben, wird er mit dem Suez- und dem Panama-Kanal verglichen. Die Anzahl der Schiffe, die die Wasserstraße jährlich passieren, ist mit über 40 000 zwar gewaltig (Panama-Kanal rund 12 000, Suez-Kanal rund 17 000), doch werden im Vergleich die geringsten Gütermengen transportiert, was sich ungünstig auf die Einnahmen niederschlägt.

Traumschiffe oder Container?

Vor Beginn der Tour empfiehlt es sich, die **Schleusenanlagen** 1 in Brunsbüttel zu besichtigen. Die großen neuen Schleusen entstanden im Rahmen der ersten großen Kanalerweiterung (1907–1914), die imponierenden Schleusenkammern haben eine Nutzlänge von 310 m und eine Nutzbreite

Übrigens: Der Kulturpfad »Schleusen und Kanal« umfasst sechs Stationen im Stadtgebiet, die von der Bedeutung der Schifffahrt für Brunsbüttel zeugen. Die Tour beginnt in Ulitzhörn an der Schleuseneinfahrt, führt an den neuen Schleusen vorbei auf die andere Seite des Kanals zu den alten Schleusen, dem Elblotsenhaus und dem Leuchtfeuer in der Jahnstraße. Die Länge der Route beträgt etwa 7 km, eine kostenlose Broschüre gibt es in der Tourist-Info (s. S. 34).

von 42 m. Von den erhöhten Aussichtsplattformen können Sie das Anlegen und die Schleusung der Schiffe beobachten. Im **Atrium,** dem Museum an der Schleuse, das im gleichen Gebäude wie die Touristeninformation untergebracht ist, dokumentiert eine Ausstellung (inkl. Film) die Geschichte, den Betrieb und die Bedeutung des Nord-Ostsee-Kanals. Hier können Sie auch in Erfahrung bringen, welche Traumschiffe an diesem Tag auf dem Kanal zu erwarten sind.

Von Industrie bis Romantik

Zu beiden Seiten säumt den Nord-Ostsee-Kanal ein für Radfahrer und Wanderer freigegebener Betriebsweg. Die Fahrradtour beginnt mit einer Fährfahrt von Brunsbüttel auf die andere Kanalseite. Unmittelbar am Kanalufer entlang geht es nach **Ostermoor** 2, knapp 2,5 km nordwestlich von Brunsbüttel. Die Gegend um Ostermoor ist zunächst noch durch die zwischen Kanal und Elbe angesiedelte Industrie geprägt. Diese Kontraste gehören zur Geschichte Brunsbüttels: Die Fertigstellung des Nord-Ostsee-Kanals brachte dem kleinen Ort nahe der Elbmündung wirtschaftlichen Aufschwung. In den

1970er-Jahren entstand hier das größte Industriegebiet in Schleswig-Holstein. Am Fähranleger in Ostermoor heißt es dann, noch einmal die Kanalseite zu wechseln, um eine viele Kilometer lange Umrundung des Industrieareals von Ostermoor zu vermeiden. Mit an Bord sind andere Radfahrer, einige von ihnen haben Kiel als Tagesziel, wir wollen (nur) nach **Burg,** von Brunsbüttel aus sind das 16 km, eine gemütliche, auch für Kinder geeignete Tour.

Vom Ostermoorer Anleger geht es weiter Richtung Kudensee. Die Industrieanlagen bleiben zurück, die romantische Seite des Kanals zeigt sich.

Wo früher Nordseewellen brandeten …

Ein Stück vom **Kudenseer Fähranleger** 3 zweigt linker Hand ein Pfad zum **Kudensee** 4 ab. Der größte See im Kreis Dithmarschen ist mit einer maximalen Tiefe von 1,2 m der letzte Flachwassersee in den Elbmarschen. Er steht unter Naturschutz und ist nur zu Fuß zu erreichen. Das allmählich verlandende Biotop ist ein wichtiges Vogelbrutgebiet, auch viele Zugvögel rasten hier. Der Radweg biegt nach rechts ab und folgt dem Verlauf der idyllischen Burger Au durch das Buchholzermoor. Der Blick reicht über die flachen Wiesen gen Norden zum hohen, bewaldeten Geestrücken. Zur Zeit des höchsten Wasserstandes der Nordsee vor 4000 bis 5000 Jahren brandeten hier noch die Nordseefluten und lagerten Dünen ab – daher die Ortsnamen, die auf Donn = Düne enden, wie St. Michaelisdonn und Hochdonn.

Der Radweg entlang der Burger Au bietet eine landschaftlich schöne Alternative zum Weg am Kanalufer. Wenn allerdings noch ein Traumschiff auf dem Kanal zu erwarten ist, sollte man lieber am Kanal entlangradeln.

Beste Aussicht mitten im Wald

Der waldreiche Luftkurort Burg erstreckt sich oberhalb des Kanals auf dem hohen Geestrand. Wer mag und sich vom Kanal und den Schiffen trennen kann, macht einen Abstecher in den netten Ort mit einer **Kirche** aus dem 12. Jh. und einigen hübschen reetgedeckten Häusern.

Beeindruckend ist der mächtige **Bökelnburgwall** 5, Reste einer im frühen 9. Jh. erbauten Verteidigungsanlage. Auch das **Burger Museum** 6 mit einer authentischen norddeutschen königlich-dänischen Landapotheke lohnt einen Besuch. Am nordwestlichen Ortsrand liegt das **Waldmuseum** 7 mit Aussichtsturm und Waldspielplatz. Die meisten Radfahrer aber bleiben am Kanal, idyllisch am Fähranleger liegt der **Fährkrug** 1. Hier kann man ganz bequem bei einem Kaffee oder einem kühlen Bier den Schiffsverkehr auf dem Kanal verfolgen. Wer mag, kann in Burg noch einmal die Fähre über den Kanal nehmen und den Rückweg auf der gegenüberliegenden Kanalseite antreten. Spätestens am Ende der Tour aber stehen noch einmal zwei Fährfahrten an – in Ostmoor und Brunsbüttel.

Infos

Schleusenanlagen 1 **mit Atrium:** Gustav-Meyer-Platz. Die Schleusenanlagen sind ganzjährig tagsüber geöffnet und frei zugänglich, das Atrium Mitte März–Mitte Nov. tgl. 10.30–17 Uhr, Erw. 2 €, Kinder 0,50 €.

Traumschiffe auf dem Kanal: Termine im Schleusenmuseum und im Internet: www.kielkanal.de oder www.wsa-brunsbuettel.de.

Burger Museum 6: Große Mühlenstr. 6, Burg, Tel. 04825 90 22 00, www.burger-museum.de, Erw. 3 €, Kinder 1,50 €.

Waldmuseum 7: Holzmarkt 7, Burg, Tel. 04825 29 85, www.waldmuseum.de, April– Okt. Di–So 10–12, 14–17 Uhr, Erw. 2,50 €, Schüler 1 €.

Kanalfähren

Zahlreiche Fähren überqueren im Pendelverkehr den Nord-Ostsee-Kanal. Die Überfahrt ist für Fußgänger, Radfahrer und auch für Autos kostenlos!

Die Deutsche Fährstraße

Mit »Frohe Fährien im frischen Norden« wird die 2004 eröffnete, gut ausgeschilderte Ferienstraße beworben. Sie führt von Bremervörde nach Kiel, zwischen Brunsbüttel und Kiel führt sie am Nord-Ostsee-Kanal entlang (www.deutsche-faehrstrasse.de). Die Kanalseite kann man dabei beliebig wechseln, zu den Möglichkeiten gehören Hoch- und Klappbrücken, Prahmfähren, Tunnel und sogar zwei Schwebefähren.

Tel. 04852 546 10, www.zur-traube-brunsbuettel.de, DZ 77 €. 19 Zimmer, direkt am Markt gegenüber der alten Jakobus-Kirche. Im dazugehörigen Restaurant werden neben Nordsee- auch internationale Spezialitäten serviert.

Essen und Trinken

In der **Koogstraße,** die direkt auf die Schleusenanlagen zuführt, ebenso wie direkt am **Jachthafen** findet man Restaurants und Cafés mit Angeboten zu moderaten Preisen.

Mit Elbblick – **Strandhalle:** Deichstr. 75, Tel. 04852 66 00, www.strandhalle-brunsbuettel.de, tgl. ab 11 Uhr, Hauptgerichte ab 11 €. Fisch-, Fleisch- und Krabbenspezialitäten auf der Terrasse mit Blick auf vorbeiziehende Schiffe.

Einkaufen

Bronze, Gemälde, Radierungen – **Atelier Rusch:** Schulstr. 38, Tel. 04852 48 48, www.jens-rusch.de, Mo–Fr 15–18 Uhr. In der Galerie und dem Atelier des Dithmarscher Kulturpreisträgers finden sich viele bekannte Nordseemotive – Jens Rusch hat u. a. auch eine Prachtausgabe des »Schimmelreiter« illustriert; auch Kursangebote.

Sport und Aktivitäten

Grandiose Lage – **Freibad:** am Ulitzhörn, Tel. 04852 22 08, im Sommer tgl. 9–19 Uhr. An der Schnittstelle zwischen Elbe und Nord-Ostsee-Kanal mit Blick auf die vorbeiziehende Schiffe.

Ganzjähriger Badespaß – **Freizeit-Hallenbad LUV:** Am Freizeitbad, Tel. 04852 94 04 50, Mo 10–21, Di–Sa 7–21, So 10–19 Uhr. Schöne Lage an der Braake, mit Sprudel- und Abenteuerbecken, Saunalandschaft.

Ausgehen

Kunst und Kultur – **Elbeforum:** Von-Humboldt-Platz 5, Tel. 04852 540 00, www.elbeforum.de. Das Kultur- und Tagungszentrum bietet ein großes Programm aus den Bereichen Schauspiel, Musical, Oper, Operette, Kindertheater. Integriert ist die Stadtgalerie, die zeitgenössische Kunst zeigt.

Infos und Termine

Tourist-Info Brunsbüttel: Gustav-Meyer-Platz (direkt an der Schleuse), 25541 Brunsbüttel, Tel. 04852 83 66 24, www.brunsbuettel.de.

Kanalfähren zur Überquerung des Binnenhafens: tagsüber im 10-Minuten-Takt, nachts im 20-Minuten-Takt, kostenlos.

Wattolümpiade und Wattstock-Festival: s. S. 19

NOK-Romantika: 1. Sa im Sept. Lichterfest zwischen Kiel und Brunsbüttel, Veranstaltungen an verschiedenen Orten entlang des Nord-Ostsee-Kanals.

Ausflüge von Brunsbüttel

Von Brunsbüttel nach Burg: s. S. 31
Marne: ▶ E/F 9. Durch Landgewinnungen wanderte die kleine Hafenstadt Marne (6000 Einw.) im Verlauf der Jahrhunderte von der Küste immer weiter ins Binnenland und liegt heute etwa 7 km vom Meer entfernt. Der Ort ist ruhig und – bis auf das närrische Treiben beim großen Karnevalsumzug am Rosenmontag – typisch norddeutsch. Die zwischen 1904 und 1906 im neuromanischen Stil errichtete **St.-Maria-Magdalenen-Kirche** birgt noch einige alte Kunstschätze aus dem Vorgängerbau: das Bronzetaufbecken von 1325 und die reich verzierte Renaissancekanzel von 1603. Das 1914/1915 nach Plänen von Carl Mannhardt neben der Kirche entstandene **Rathaus** (Alter Kirchhof 4–5) ist ein gutes Beispiel für den sogenannten Klinker-Expressionismus, eine späte Jugendstilform.

Winterlicher Hafen von Friedrichskoog – mit Blick auf den Spielpark Wal im Hintergrund

Im **Heimatmuseum Marner Skatclub** ist eine heimatkundliche Sammlung mit Möbeln, Bildern, Kuriositäten und Kunsthandwerk zu sehen (Museumsstr. 2, geht vom Kirchplatz ab, Tel. 04851 35 18, Di–Fr 14.30–18, So 14.30–18 Uhr, Erw. 2 €, Kinder 0,50 €, Familien 3 €).

Friedrichskoog ► E 8

Der nach dem dänischen Landesherrn Friedrich VII. benannte Koog, der erst Mitte des 19. Jh. eingedeicht wurde, ragt weit ins Wattenmeer. Friedrichskoog ist ein überschaubares Familienbad (ca. 2500 Einw.) – bekannt vor allem für die Seehundstation. Im malerischen Hafen liegt mit über 30 Kuttern die größte Krabbenkutterflotte der schleswig-holsteinischen Westküste. Pläne, den Hafen zu schließen, sorgten 2010 für Protesttürme der Friedrichskooger Fischer – ihre Zukunft ist ungewiss. Der Ortsteil **Friedrichskoog-Spitze,** 3 km entfernt, ist das eigentliche Kur- und Badeviertel und seit 2004 als Nordseeheilbad anerkannt.

Seehundstation
direkt 2| ▷ S. 36

Spaziergang auf dem Trischendamm
Von Friedrichskoog-Spitze führt ein Damm 2,2 km weit ins Meer hinein. Er wurde 1935/1936 zum Schutz der Küstenlinie aufgeschüttet. Ursprünglich sollte er bis zu der 15 km vor der Küste liegenden Vogelschutzinsel Trischen reichen. ▷ S. 39

Karte: ▶ E 8 | **Dauer des Ausflugs:** etwa 2 Std.

Schon von weitem sichtbar ist
das Wahrzeichen der Seehundstation – die ehemalige Ret-
tungsbake der Insel Trischen.
Von der 17 m hohen Plattform
bietet sich ein weiter Blick: hinaus auf die Nordsee, wo die
Seehunde zu Hause sind, hinun-
ter in die Seehundstation, wo
kleine, verlassene Seehundjunge
aufgepäppelt werden.

Junge Seehunde werden in den ersten
Lebenswochen als Heuler bezeichnet.
Das Heulen ist kein Klagen, sondern ein
normaler Kontaktlaut des Jungtiers, mit
dem es seine Mutter ruft. Warum wurden sie allein gelassen? Sind die Seehunde bedroht, muss man sie retten?
Wo leben sie normalerweise? Die Dau-

erausstellung in der Seehundstation
stillt den ersten Wissensdurst.

Wildtier im Wattenmeer

Die meisten Seehunde leben einen
Großteil des Jahres auf den Inseln, die
dem Wattenmeer vorgelagert sind, und
jagen in der offenen See. Doch im Sommerhalbjahr sind sie zur Geburt und
Aufzucht der Jungen auf die Sandbänke im Wattenmeer angewiesen.

Anfang Juni bis Mitte Juli bringen die
Muttertiere meist ein Junges zur Welt.
Für die Geburt und die ersten vier bis
sechs Wochen brauchen sie Ruhe, um
ungestört säugen zu können. Werden
sie beim Säugen häufig gestört und
aufgescheucht – sei es durch Wattwanderer, Freizeitkapitäne oder Surfer –,
können die Jungtiere nicht genug Fett

ansetzen und damit nicht genug Widerstandskräfte entwickeln. Leicht passiert es auch, dass Seehunde bei einer Störung panikartig ins Wasser flüchten und ein Junges den Anschluss an seine Mutter verliert.

Wider die Natur?

Seit den 1970er-Jahren gibt es entlang der Nordseeküste Seehundaufzuchtstationen, die sich der Jungtiere annehmen, die ihre Mutter durch Verstoßen, Tod, Störungen oder Stürme verloren haben. Über ihren Sinn wird kontrovers diskutiert. Die Gegner argumentieren zum einen, dass Wattwanderer auch so manch gesundes Seehundjunges einsammeln würden, das von der abwesenden Mutter keineswegs verstoßen wurde, zum anderen widerspreche es dem Naturgesetz der natürlichen Auslese, kranke oder verletzte Tiere wieder aufzupäppeln. In Dänemark werden aus diesen Gründen bereits seit 1985 keine Heuler mehr aufgezogen und ausge-wildert.

Kleine Seehunde ganz nah

In der **Seehundstation Friedrichs-koog** 1 und in der Seehundaufzuchtstation in Norddeich an der niedersächsischen Nordseeküste werden jährlich zwischen 30 und 90 verwaiste Seehunde und Kegelrobben großgezogen.

Der Aufzuchtbereich in Friedrichskoog ist für Gäste nicht zugänglich, er ist aber von den Fenstern des Seminarraums im Informationszentrum, über die installierten Kameras und vom 17 m hohen Aussichtsturm einsehbar. Während der Fütterungen informieren Mitarbeiter der Station die Gäste über ihre Arbeit und das richtige Verhalten gegenüber den Seehunden bzw. scheinbar verlassenen Seehundjungen. Anfassen, so die Information, darf man sie auf keinen Fall, man sollte einen großen Abstand einhalten, die Polizei oder die Kurverwaltung benachrichtigen, die den staatlich bestellten Seehundjäger kontaktiert. Dieser entscheidet vor Ort über die weitere Vorgehensweise. Wenn die Jungtiere 25 bis 30 kg wiegen und selbstständig fressen können, werden sie auf einer Sandbank wieder ausgesetzt – im Jägerjargon: ›ausgewildert‹.

Die ›Dauerhaften‹

Sie heißen Deern, Lümmel und Hein und haben alle ihren eigenen Charakter, ihre eigene Geschichte. Allen gemeinsam ist, dass sie aus ganz unterschiedlichen Gründen nicht mehr ausgewildert werden können und dauerhaft in der Friedrichskooger Seehundstation leben. In einem naturnah angelegten Beckensystem, das 800 m³ Meerwasser fasst, können sie ganzjährig an Land und unter Wasser beobachtet werden. Die Kegelrobbe Nemirseta, liebevoll Nemi genannt, ist auch dabei. Sie stammt von der litauischen Ostseeküste.

Im Wattenmeer leben zwei Robbenarten: die Seehunde und die deutlich größeren, gefleckten Kegelrobben. Die Unterschiede werden während der Füt-

Übrigens: Seehund und Jäger, muss einem Tierfreund bei dem Gedanken eng ums Herz werden? Nein. Die 1985 gegründete Seehundstation Friedrichskoog ist eine Einrichtung der Gemeinde und des Landesjagdverbandes (LJV). Der Seehund unterliegt dem Jagdrecht, allerdings wird er in Schleswig-Holstein schon seit 1974 nicht mehr bejagt, es besteht ganzjährige Schonzeit. Als Jagdaufseher für diese Wildart setzt die Landesregierung sogenannte Seehundjäger ein. Sie allein sind berechtigt, Heuler zu bergen und an die Station zu übergeben.

Nur was für Profis – die Betreuung der Seehunde in der Seehundstation Friedrichskoog

terung der dauerhaft in der Station lebenden Seehunde und Kegelrobben erläutert.

Forschung ohne Stress

Verbunden werden die Fütterungen mit medizinischen Untersuchungen und verschiedenen Trainingseinheiten. Die Teilnahme der Tiere ist freiwillig, die richtige Ausführung wird mit einem Fisch belohnt. Die in Zusammenarbeit mit den Universitäten durchgeführten Verhaltensstudien bei Heulern und Alttieren erweitern die Kenntnisse über ihren Gesundheitszustand und ihre Lebensweise. Über die »Robben der Welt«, ihre Biologie, ihre Besonderheiten und Gefährdungen informiert seit 2010 auch eine im Untergeschoss des Bistrogebäudes neu eröffnete Erlebnisausstellung mit lebensgroßen Robbenskulpturen, die vor allem Kinder begeistern.

Infos

Seehundstation Friedrichskoog
1: An der Seeschleuse 4, Tel. 04854 13 72, www.seehundstation-friedrichskoog.de, März–Okt. tgl. 9–18, Nov.–Febr. tgl. 10–16 Uhr. Fütterung der ›Dauerhaften‹ März–Okt. 10.30, 14 und 17.30, Nov.–Febr. 10.30 und 14 Uhr, Fütterung der Heuler (etwa Juli, Aug.) um 9, 12 und 15 Uhr, Erw. 5 €, Kinder ab 2 Jahren 3,50 €. Hunde dürfen nicht mit in die Station.

Auch sehenswert

Info-Zentrum Schutzstation 2:
Die kleine Ausstellung neben dem Wal-Indoor-Spielplatz am Hafen informiert über das Wattenmeer, über Salzwiesen, Vögel und Naturschutz. Angeboten werden Wattwanderungen, Vogel- und Salzwiesenexkursionen, landeskundliche Radtouren (Südseite Hafen, Tel. 04854 16 48, Eintritt frei, Spende erwünscht).

Tipp

Die Strände um Friedrichskoog, beispielsweise in Friedrichskoog-Spitze, sind kostenlos zugänglich. Den Ausflug zur Seehundstation kann man also ganz entspannt mit einem kurzen Strandbesuch verbinden.

Die Strömung erwies sich jedoch als zu stark. Am Horizont kann man die Ölbohrinsel Mittelplate ausmachen. Seit 1985 wird hier mitten im Nationalpark und Weltnaturerbe Öl gefördert.

Windenergiepark Westküste

Sommerdeich 14 a, Kaiser-Wilhelm-Koog, Tel. 04856 519, www.windenergie.de, April–Sept. tgl. 10–17 Uhr, Eintritt frei

Im windreichen Kaiser-Wilhelm-Koog, 8 km südlich von Friedrichskoog, entstand der erste deutsche Windpark. Videovorführungen, viele Modelle und ein Kiosk.

Übernachten

In ruhiger Lage – **Möven-Kieker:** Strandweg 6, Friedrichskoog-Spitze, Tel. 04854 904 98 70, www.moeven-kieker.de, DZ mit Balkon ab 95 €. Persönlich geführtes kleines Hotel am Deich, zum Hauptstrand sind es 500 m. Viele Zimmer haben Meerblick; Restaurant und Café im Haus.

Dänisch – **Strandpark Spitze:** Neue Siedlung mit komfortablen Holzhäusern für bis zu zwölf Personen gleich hinterm Deich in Friedrichskoog-Spitze. Whirlpool und Sauna, teils auch ein Pool gehören zur Ausstattung. Buchung über den Tourismus-Service, Bilder und Grundrisse auf der Website www.strandpark-friedrichskoogspitze.de.

Einkaufen

An der deutschen Kohlstraße – **Hofladen Schoof:** Andreßenweg 1, Friedrichskoog, Tel. 04854 15 97, www.hofladen-schoof.de, Mo–Fr 8–20, Sa, So 10–19 Uhr. Gemüse, Obst, Wurst und Käse.

Sport und Aktivitäten

Strand – Der Grünstrand in **Friedrichskoog-Spitze** ist frei zugänglich.

Wohlfühlen – **Meerwasser-Thermalbad:** im Fontamar Kur- und Wellnesszentrum, Schulstr.-West 14, Friedrichskoog, Tel. 04854 900 20, www.fontamar.de. Mo, Mi, Fr 10–20, Di 10–16, Do 10–17, Sa, So 10–16 Uhr.

Spaß für Kinder – **Indoor-Spielpark Wal:** Am Hafen 10, Tel. 04854 90 46 60, www.wal-friedrichskoog.de, ganzjährig Mo–Fr 14–19, Sa, So 10–19 Uhr, in den Schulferien Schleswig-Holsteins tgl. 10–19 Uhr, Kinder ab 2 Jahren und Erw. 6 €. Der Spielpark ahmt die Form eines Wals nach.

Infos und Termine

Tourismus-Service Friedrichskoog: Koogstr. 141, 25718 Friedrichskoog-Spitze, Tel. 04854 90 49 40, www.friedrichskoog.de, Service-Hotline 0800 202 00 60 (kostenlos aus dem deutschen Festnetz), Mo–Fr 8–20 Uhr.

Bahn: Bahnhof in St. Michaelisdonn. Von St. Michaelisdonn besteht eine Busverbindung über Marne nach Friedrichskoog.

Kutterregatta: drei Tage Ende Juli/Anfang Aug.

Festival am Deich: jeden Do im Juli und Aug., Livemusik zum abendlichen Ausklang: Reggae, Samba, Country und Rock.

Meldorf ► F 8

Die Kirche des charmanten Landstädtchens (ca. 7500 Einw.) wird – obwohl sie nie Bischofssitz war – wegen ihrer Pracht und Größe auch ›Meldorfer Dom‹ genannt. Sie überragt weithin das umliegende platte Marschland. Zu Beginn des 13. Jh. wurde ›Melindorp‹ Sitz der Landesversammlung. Es blieb Hauptstadt der unabhängigen Dithmarscher Bauernrepublik, bis diese Mitte des 15. Jh. nach Heide verlegt wurde.

Mittelpunkt der gemütlichen Altstadt ist der kopfsteingepflasterte **Markt** – vom Dom geteilt in Norder- und Südermarkt. Ihn säumen einige beachtenswerte, im Schatten des mächtigen Domes vergleichsweise bescheiden wirkende Bürgerhäuser aus dem 16. bis 19. Jh. Am Nordermarkt Nr. 9 wohnte einst Carsten Niebuhr (1733–1815), der ab 1778 als Landschreiber in Meldorf gearbeitet hatte. Berühmtheit erlangte er als Forschungsreisender: Als erster vermaß er etwa die Cheops-Pyramide in Ägypten, und er fertigte Beschreibungen samt Landkarten von »Arabien und anderen umliegenden Ländern« an. Neben dem Dom, schräg gegenüber der Touristeninformation, steht ein Denkmal, das den Erforscher Arabiens mit Turban zeigt.

In den vom Markt abgehenden Gassen wie Zingel-, Süder- und Papenstraße sowie im dahinter liegenden Klosterhof, in der Bütjestraße und in der Burgstraße sind viele zum Teil mit hübschen Türen und kunstvollen Details ausgestattete Fachwerkbauten zu entdecken.

Meldorfer Dom

www.kirche-meldorf.de, Mo–Fr 10– 12, 14–16.30, Sa 10–12, So 10 Uhr Gottesdienst, danach geschl., Juni– Sept. So 14–17 Uhr

Die imposante dreischiffige Backsteinbasilika entstand zwischen 1250 und 1300, ihre heutige Außengestalt erhielt sie nach einem großen Brand im Jahr 1866. Überaus beeindruckend präsentiert sich das Innere des Johannes dem Täufer geweihten Gotteshauses. Die mächtigen Kuppeln über dem Haupt- und Querschiff sind mit reichen Ornamentbändern und Malereien aus dem 13. Jh. geschmückt. Eine Grabplatte erinnert an den Arabienforscher Carsten Niebuhr.

Dithmarscher Museumsweberei

Papenstr. 2, Tel. 04832 99 94 71, www.PerspektiveMeldorf.de, Besichtigung Mo–Do 8–15.30, Fr 10–13 Uhr. Verkauf: Tel. 04832 99 96 60, Di–Fr 9–18, Sa 9.30–12.30 Uhr

Historische Handweberei im alten Pastorat von 1601, hier wird noch die alte Kunst der Beiderwand- und Gobelinweberei praktiziert. Mitarbeiter der Perspektive Meldorf, Stiftung für Menschen mit Behinderung, fertigen Kostbarkeiten aus Baumwolle, Kammgarn und Schurwolle, während der Öffnungszeiten kann man einfach hineingehen und zugucken. Verkauf von Webarbeiten um die Ecke.

Dithmarscher Landesmuseum

direkt 3| ⟩ S. 41

Schleswig-Holsteinisches Landwirtschaftsmuseum

Jungfernstieg 4, Tel. 04832 97 93 90, www.landwirtschaftsmuseum-schleswig-holstein.de, April–Okt. Mo–Fr 9– 17, Sa, So 11–17, Nov.–März Di–Fr 9–17, So 11–17 Uhr, Erw. 3 €, Kinder 1 €, nebenan Museums-Cafeteria Neue Holländerei mit Galerie

Auf 4000 m² Fläche wird anhand von Maschinen und Werkstätten vom Landleben seit dem Beginn des Industriezeitalters erzählt. Die Landmaschinensammlung – vom pferdegetriebenen Pflug bis zum Traktor – bietet Einblicke in die Arbeitsweise der Landwirte. Zum Museum gehört das Dithmarscher Bauernhaus, ein für die Geest typisches niederdeutsches Fachhallenhaus aus dem 17./18. Jh. Nebenan im Bauerngarten findet man eine Sammlung historischer Rosen, die von ihren ursprünglichen Standorten an Kirchen, auf Friedhöfen und in Bauerngärten hierher versetzt wurden. ▷ S. 44

WAHR DI
GARR
DE BUR DE
KUMT.

Karte: ▶ F 6 | **Länge und Dauer der Tour:** 32 km, 3–5 Std.

»Dithmarscher, das sind keine Bauern, das sind Herren«, heißt es in einem alten Volkslied. Bis Mitte des 16. Jh. verteidigten die Dithmarscher ihre von Geschlechtern (Bauernsippen) regierte Republik. In der Schlacht von Hemmingstedt besiegten Dithmarscher Bauern ein schwer bewaffnetes Ritterheer. Der Stolz auf die eigene Geschichte ist bis heute spürbar.

Meldorfs Bauernadel

Haupt- und Versammlungsort der Dithmarscher war zunächst **Meldorf.** Der ›Rat der Achtundvierziger‹ bildete im späten Mittelalter die Landesregierung, vertrat das Land nach außen und war höchstes Landgericht. An der prächtigen Ausstattung des Meldorfer Doms erkennt man den damaligen Wohlstand der Dithmarscher Bauern. Im **Dithmarscher Landesmuseum** [1] zeigt ein Doppelporträt den Großbauern Markus Swyn, der dem Rat der 48 Regenten angehörte, und seine Frau. Das Paar ließ sich in kostbaren Gewändern und herrschaftlichem Habitus malen – nur Adlige hatten sich bisher so porträtieren lassen. Den reich dekorierten Swynschen Pesel ließ Swyn 1568 in seiner Funktion als Landvogt erbauen, um Fürstenbesuch standesgemäß unterzubringen. Der als Gerichtssaal genutzte Pesel gilt als eines der kostbarsten Zeugnisse der Dithmarscher Geschichte. Auch Interessantes aus dem Alltagsleben im frühen 20. Jh. gibt es im Dithmarscher Museum zu sehen, darunter eine Landarztpraxis, einen Operationssaal, einen Friseursalon, eine Schulklasse, eine Dorfgaststätte und ein Kino. Anhand von Modellen werden Deichbau und Entwässerung erklärt, in der Schifffahrtsabteilung erfährt man Wissenswertes über den Krabbenfang und vieles mehr.

Übrigens: Alle zwei Jahre (immer in den geraden Jahren) im Juli feiern die Dithmarscher den traditionsreichen **Heider Marktfrieden.** Auf dem Heider Marktplatz tummeln sich dann Bauern und Händler, Gaukler und Musikanten, ein historisches Schauspiel ruft die Geschichte der freiheitsliebenden Dithmarscher in Erinnerung. Info: www.marktfrieden.de.

David gegen Goliath

Auf dem Weg Richtung Norden passiert man **Hemmingstedt,** Schauplatz des stolzesten Ereignisses der Dithmarscher Landesgeschichte: Gierig nach dem Reichtum der Dithmarscher, fielen König Hans von Dänemark und sein Bruder Friedrich, Herzog von Schleswig und Holstein, in Dithmarschen ein, begleitet von der Söldnertruppe der Schwarzen Garde. Die Dithmarscher hatten dem 12 000 Mann starken Heer etwa 6000 bis 7000 Mann entgegenzusetzen. Unter der Führung von Wulf Isebrand warfen sie eine Schanze auf der einzigen passierbaren Straße auf und öffneten die Siele in den Deichen, sodass sich die Gräben überall im Land mit Wasser füllten. Mit Springstöcken ausgestattet, griffen die Bauern den feindlichen Heerzug von den Flanken her an. Tausende von Soldaten, die nicht in das überflutete Land neben der Straße ausweichen konnten, verloren ihr Leben. Die Bauern schlugen ein adliges Heer – das ist der Stoff, aus dem Dithmarscher Heldensagen sind. Ein Denkmal auf der **Dusenddüwelswarft** 2 (Abzweig an der B 5 zwischen Meldorf und Heide) erinnert an das Ereignis. In Stein gehauen ist der Wahlspruch der Dithmarscher Bauern: »Wahr di Garr! De Bur de kumt!« – »Pass auf, Garde! Der Bauer kommt!«. Ein Infopavillon in der Nähe

des Denkmals zeigt eine detaillierte Nachbildung der Schlacht unter Glas – hier wird Geschichte auch für Kinder lebendig.

Eine schöne Alternative zur B 5 auf der Fahrt von Meldorf nach Hemmingstedt ist der alte Landweg: hinter Meldorf links nach Epenwöhrden, von dort weiter nach Norden bis zur Dusenddüwelswarft.

Machtverschiebung

Im 15. Jh. verlor Meldorf seine Funktion als Hauptort an **Heide.** Grund dafür waren innere Streitigkeiten: Während die südlichen Kirchspiele wie Büsum und Meldorf gerne mal die üppig beladenen Hamburger Kaufmannsschiffe plünderten, waren die nördlichen Gemeinden weiterhin an Hamburg als Handelspartner interessiert. 1434 schlossen sie sich auf neutralem Boden ›Uppe de Heide‹ zu einem Sondervertrag mit Hamburg zusammen. Am 13. Februar 1447 wurde auf dem Heider Marktplatz das Erste Dithmarscher Landrecht verkündet. Ein wesentlicher Bestandteil war der Marktfrieden, der einheimischen und auswärtigen Kaufleuten garantierte, dass sie – geschützt vor Gewalt und Gefahr – friedlich ihren Geschäften nachgehen konnten.

Der Heideplatz entwickelte sich schnell zum politischen Zentrum. In der Blütezeit der Bauernrepublik (1440–1559) trafen sich dort jeden Sonnabend die Ratgeber der ›Landesversammlung‹, die späteren Regenten der freien Bauernrepublik. Die Größe des **Heider Marktplatzes** 3 – er soll der größte Deutschlands sein – zeugt von seiner Bedeutung. Jeden Samstag wird hier Markt gehalten.

Rivalisierende Geschlechter

1559 gelang es den Gottorfer Herzögen, die Dithmarscher zu schlagen – offiziell war damit die Zeit der freien Bauernrepublik zwar beendet, aber die alteingesessenen Familien stellten auch weiterhin die Landvögte und Beamten. Ihre Spuren findet man noch heute auf dem **Geschlechterfriedhof von Lunden** , 15 km nördlich von Heide. Um die **St.-Laurentius-Kirche** stehen bzw. liegen dort zahlreiche Grabmäler aus dem 16. und 17. Jh. mit den Namen der wichtigsten Familien. Berühmt ist der imposante Stein, der an den 1537 ermordeten Peter Swyn erinnert. Swyn, der 1522 mit seinem Segelschiff eine Wallfahrt nach Santiago de Compostela unternommen hatte, wurde von Angehörigen eines rivalisierenden Geschlechts ermordet, als er durch Dithmarschen reiste, um für eine Gesetzesreform zu werben. Ihr Ziel war u. a. die Abschaffung der Blutrache. Auf dem Stein sind unter dem Bild des Gekreuzigten die Umstände des Mordes dargestellt.

Sein eigentlicher Grabstein ganz in der Nähe ist unscheinbarer, aber er zeigt, welche Verehrung dem einflussreichen Politiker in Dithmarschen entgegengebracht wurde. In der Inschrift wird er »pater patriae« (»Vater des Vaterlandes«) genannt – diese ehrenvolle Bezeichnung war normalerweise Fürsten vorbehalten. An Selbstbewusstsein hatte es Peter Swyn schon zu Lebzeiten nicht gemangelt: Als sich Hofleute darüber lustig machten, dass er ein kostbares Ritterwams zu weiten Leinenhosen trug, antwortete er stolz, das Wams trage er als Landesherr, die handgewebten Hosen als Bauer.

Infos

Dithmarscher Landesmuseum : Bütjestr. 2–4, Tel. 04832 60 00 60, www.landesmuseum-dithmarschen.de, Mo–Fr 10–16.30, Sa, So 11–16, Nov.–Ostern Di–Fr 10–16, So 11–16 Uhr, Erw. 3 €, Familienkarte 4,50 €; Bibliothek (Literatur zu Dithmarschen) Mo–Do 10–12, 13–16.30, Fr 10–12 Uhr.

HISTOUR-Dithmarschen

»HISTOUR-Dithmarschen« nennt sich ein tolles Projekt, das zu bekannten und unbekannten Natur- und Kulturdenkmälern in Dithmarschen führt. Vor Ort sind rund die Hälfte der mehr als 300 Objekte mit einer ansprechenden Informationstafel versehen. Auf der HISTOUR-Übersichtskarte/Radwanderkarte sind Sehenswürdigkeiten und empfehlenswerte Radtouren markiert. Im HISTOUR-Reiseführer findet man ihre ausführliche Beschreibung. Karte und Buch sind im Buchhandel und in Fremdenverkehrsämtern erhältlich.

Lebendiger Mittelpunkt Meldorfs – der Markt

Speicherkoog

Erst 1978 wurde der Speicherkoog, der 6 km westlich von Meldorf liegt, mit ausgedehnten Natur- und Vogelschutzgebieten eingedeicht (www.speicher koog-dithmarschen.de). Es gibt einen Sportboothafen und einen Speichersee – wunderbar zum tideunabhängigen Baden und Surfen. Wer im Meer baden möchte, steigt einfach über den Deich oder fährt zur nächsten Badestelle Elpersbüttel weiter. Auf dem Weg dorthin passiert man das **Nabu-Nationalparkhaus ›Wattwurm‹,** wo man viel Wissenswertes über den Nationalpark erfährt (Tel. 04832 62 64, Kernzeit April–Okt. Fr–So 10–17 Uhr).

Übernachten

Zentral – **Zur Linde:** Südermarkt 1, Tel. 04832 959 50, www.linde-meldorf.de, DZ ab 80 €. Das traditionsreiche Haus liegt am Meldorfer Dom, WLAN kostenfrei. Im Restaurant werden Dithmarscher Spezialitäten wie Mehlbeutel serviert.

Abgelegen – **Dithmarscher Bucht:** Helgolandstr. 2, Tel. 04832 71 23, www.hotel-dithmarscher-bucht.de, DZ 68 €. Familiäres, freundlich geführtes Hotel in ruhiger Lage am alten Hafen von Meldorf, 5 km zur Nordsee, 2 km nach Meldorf. Im Restaurant gibt es vorzügliche Fischgerichte.

Essen und Trinken

Nettes Ambiente – **Dom Café:** Südermarkt 4, Tel. 048 32 34 44, www.dom cafemeldorf.de, Di–Fr 9–18, Sa 11–18, So, Mo 12–18 Uhr. Bilder regionaler Künstler schmücken die Wände. Man sitzt auf dem Markt, im Rosengarten

oder im bunten Pesel. Leckere Torten und Kuchen, kleine Gerichte bis 10 €.
Empfehlenswert – **Mama Leone:** Südermarkt 7, Tel. 04832 32 40, www.mama-leone.de , tgl. 12–15, 17.30–23 Uhr, Pizzen und Pasta ab 6 €, Pesce e Carne ab 13 €, Mittagstisch 5–10 €. Ristorante und Pizzeria. Im Sommer sitzt man draußen mit Blick auf den Dom, sehr netter Service.

Einkaufen
Gold und Silber – **Domgoldschmiede:** Nordermarkt 9, Tel. 04832 13 29, Mo–Fr 9–12, 14–18 Uhr. In dem 1780 vom Arabienforscher Carsten Niebuhr erbauten Haus findet man erlesenes Kunsthandwerk.
Handgemacht – **Webarbeiten:** s. S. 40, Dithmarscher Museumsweberei.
Nicht nur Gemüse – **Meldorfer Wochenmarkt:** am Dom auf dem Marktplatz, Fr 8–13 Uhr.

Ausgehen
Gemütlich – **Holzwurm:** Norderstr. 38, Tel. 04832 10 31, Mo–Fr ab 19, So ab 18 Uhr. Nett zum Klönen auf ein Bierchen, Fladenbrote und Pizzen.

Infos und Termine
Fremdenverkehrsverein Meldorf: im Tourist & Service Center, Nordermarkt 10, Tel. 04832 978 00, www.meldorf-nordsee.de.
Bahn: Regionalbahnen und -expresse von Hamburg-Altona halten in Meldorf.
Meldorfer Weberfest: Ende Sept. Rund um Wolle und Weberei gibt es viel zu schauen, zu Gast sind Weber aus ganz Deutschland und Skandinavien. Außerdem Jahrmarkt, Kunsthandwerkermeile und Flohmarkt.
Meldorfer Open Air Kino Tage: am zweiten Septemberwochenende. Auf dem Südermarkt, www.meldorfer-open-air-kino.de.

Heide ► F 7, Cityplan S. 46

Erstmals wurde Heide (ca. 21 000 Einw.) im Jahr 1434 als Versammlungsort ›uppe de Heyde‹ erwähnt. Imponierend ist der 4,7 ha große **Marktplatz** **1**. Jahrhundertelang wurde hier das auf den fetten Weiden der Marsch gemästete Vieh an den Käufer gebracht. Der Grundriss des Marktes, der heute als Park- und Festplatz genutzt wird, stammt noch aus den Anfängen der Stadt, die Bebauung jedoch größtenteils aus dem 19. und 20. Jh. Seit 2007 wirbt die Stadt mit dem Slogan »Marktstadt im Nordseewind«.

Rund um den Marktplatz
In der südwestlichen Ecke des Marktes liegt die hübsche **St.-Jürgen-Kirche** **2** von 1559, die eher einer Dorfkirche gleicht. Außergewöhnlich ist der ›Sühnestein‹ von 1567, eine Grabplatte auf dem Friedhof neben der Kirche mit der Darstellung eines Mordes. Auf dem 1989 eingeweihten **St.-Georg-Brunnen** **3** vor der Kirche illustrieren bronzene Relieftafeln Stationen der Dithmarscher und Heider Geschichte. Die Spitze des Brunnens krönt die Heider Wappenfigur – der hl. Georg, der den Drachen tötet. Schräg gegenüber liegt das alte **Pastorat** **4** von 1739, das die Touristeninformation beherbergt.

Museumsinsel **5**
Lüttenheid 40, Tel. 0481 637 42, Di–Do, So 11.30–17, Fr 11.30–14, Sa 14–17, So 11.30–17 Uhr, Erw. 2,50 €, Familienkarte 4,50 €
In fast dörflicher Umgebung, nur wenige Gehminuten vom Markt entfernt, befindet sich die Museumsinsel mit zwei nebeneinander liegenden Museen: Das **Klaus-Groth-Museum** befindet sich im 1796 erbauten Geburtshaus des niederdeutschen Dichters Klaus Groth

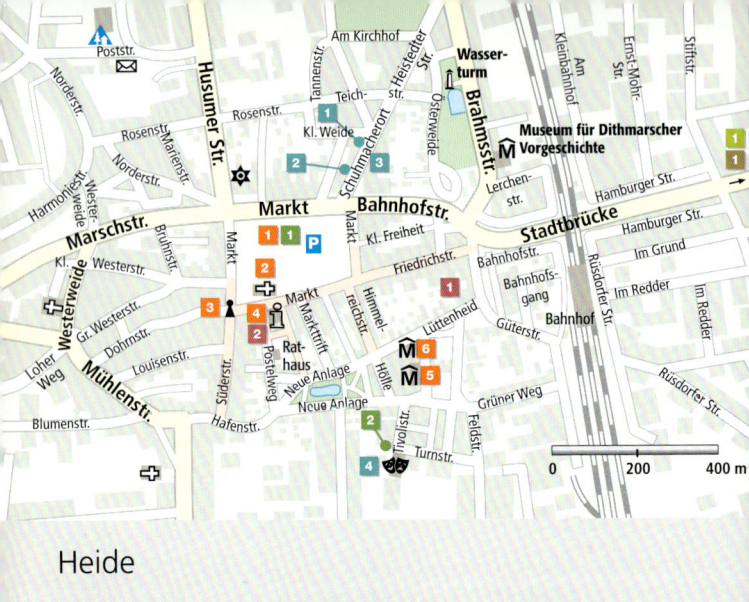

Heide

Sehenswert
1 Markt
2 St.-Jürgen-Kirche
3 St.-Georg-Brunnen
4 Pastorat
5 Museumsinsel
6 Brahmshaus

Übernachten
1 Ringhotel Berlin

Essen und Trinken
1 Schankwirtschaft Rosengasse
2 Café im Alten Pastorat

Einkaufen
1 Wochenmarkt
2 Alte Gärtnerei

Ausgehen
1 Leprechaun
2 Buddys
3 L1 Lounge
4 Konzert- und Ballhaus Tivoli

Sport und Aktivitäten
1 Dithmarscher Wasserwelt

(1819–1899). Hier erhält man einen Einblick in das Leben Groths, der die niederdeutsche Sprache literaturfähig machte. Das **Heider Heimatmuseum** ist in einem ehemaligen Stallgebäude untergebracht, das jahrzehntelang als Schmiede genutzt wurde. Sehenswerte, moderne Präsentation archäologischer Funde, traditioneller Handwerke sowie Großdrucke historischer Fotografien.

Brahmshaus 6
Lüttenheid 34, www.brahms-sh.de, April, Mai, Okt. Di, Do, Fr 14.30–16.30, Sa 10.30–12.30, Juni–Sept. Di, Do, Fr 10.30–12.30, 14.30–16.30 Uhr, 2 €

Das Stammhaus der berühmten Musikerfamilie, in deren Besitz es von 1810 bis 1887 war. Eine ständige Ausstellung dokumentiert Leben und Werk des Komponisten Johannes Brahms. Das Haus ist Sitz der Brahms-Gesellschaft Schleswig-Holstein und auch ein kultureller Treffpunkt.

Übernachten, Essen
Luxus am Stadtrand – **Ringhotel Berlin** 1: Österstr. 18, Tel. 0481 854 50, www.hotel-berlin.com, DZ 110–155 €. Komfortables Hotel im Landhausstil, vom Wintergarten blickt man auf Pferdekoppeln. Wellness- und Fit-

nessbereich, ambitionierte Küche mit frischen Zutaten im Restaurant Öster-egg.

Essen und Trinken

Ein Stück Alt-Heide – **Schankwirt-schaft Rosengasse 1**: Friedrichstr. 30 bzw. Lüttenheid 24 (im Durchgang), Tel. 0481 421 28 95, Di–So ab 11.30 Uhr, Hauptgerichte ab 10 €. In historischem Ambiente werden Dithmarscher Spezialitäten serviert.

Etwas versteckt – **Café im Alten Pastorat 2**: Markt 28, Tel. 0481 787 64 40, www.cafe-altes-pastorat.de, tgl. 8–20 Uhr, Hauptgang ab 10 €. Gemütliches Restaurant, auf der Speisekarte stehen leckere Kuchen, Fisch und Fleisch.

Einkaufen

Gemüse und Blumen – **Wochenmarkt 1**: Sa. Der große Markt ist Tradition seit über 500 Jahren.

Seltene Kräuter – **Alte Gärtnerei 2**: Tivolistr. 22, Tel. 0481 675 37, www.garten-oesterreich.de, März–Okt. Mi, So 14–18, Do–Sa 10–18 Uhr. Schön gestalteter Garten- und Landschaftsbaubetrieb mit Gewächshaus und großer Kräuterspirale; Gartenaccessoires und ein Café.

Ausgehen

Die ›Partymeile‹ der Stadt mit vielen Kneipen ist die vom Markt abgehende Straße **Schuhmacherort**. In dem urigen Pub **Leprechaun 1** (Nr. 25) gibt's manchmal Livemusik; Kneipenurgestein ist das **Buddys 2** (Nr. 11), die **L1 Lounge 3** (Nr. 26) ist für gute Cocktails bekannt.

Musik und Theater – **Konzert- und Ballhaus Tivoli 4**: Turnstr. 2, Tel. 0481 621 22, www.tivoli-heide.de. Das denkmalgeschützte Haus der Gründerzeit ist auch Veranstaltungsort

des Schleswig-Holstein-Musikfestivals und zahlreicher Gastspiele.

Sport und Aktivitäten

Ganzjährig – **Dithmarscher Wasserwelt 1**: Landvogt-Johannsen-Str. 61, Tel. 0481 90 63 00, www.dithmarscher-wasserwelt.de, tgl. 8.30–21, für ›Bahnenzieher‹ Di–Fr schon ab 6 Uhr, Tageskarte Erw. 8 €.

Infos

Touristeninformation Heide: Markt 28, Tel. 0481 212 21 60, www.heide.de.

Bahn: IC-Halt an der Strecke Hamburg–Westerland.

In der Umgebung von Heide

Hemmingstedt: ▶ F 7. Die Erdölraffinerie ist nicht zu übersehen, auf der B 5 fährt man direkt daran vorbei. In Lohe-Rickelshof (an der B 203 nach Büsum, kurz hinter der Abzweigung in Richtung Lieth) erinnert eine historische Förderpumpe an die Geschichte der Erdölförderung: Bereits im Jahr 1856 stieß ein Landwirt in Hemmingstedt, 5 km südlich von Heide gelegen, beim Brunnengraben auf stinkenden schmierigen Sand, doch erst ab 1935 floss das ›schwarze Gold‹ in ausreichenden Mengen. Das Feld bei Hemmingstedt versiegte 1991. Heute muss die Raffinerie per Pipeline aus Brunsbüttel mit auswärtigem Öl versorgt. Ein Teil des Rohstoffs kommt aus dem in der Dithmarscher Bucht gelegenen Ölfeld Mittelplate.

Das 1900 auf der **Dusenddüwelswarft** errichtete Denkmal erinnert an die siegreiche Schlacht der Dithmarscher am 17. Februar des Jahres 1500 (s. S. 42).

Wöhrden: ▶ E 7. Wöhrden liegt 8 km südwestlich von Heide und ist eine Dorfwarft – Warften sind künstlich aufgeworfene Anhöhen, die den Menschen an der Küste vor dem Bau der Deiche Schutz vor dem Wasser boten. Die Warften boten Platz für ein Haus, mitunter auch für mehrere, in seltenen Fällen auch für ein ganzes Dorf wie hier in Wöhrden, das bis ins 16. Jh. direkt an der Nordseeküste lag. Seinen Mittelpunkt bildet die **St.-Nicolai-Kirche,** ein Backsteinbau von 1788. Prunkstücke des Gotteshauses sind der schwebende Taufengel und die Antonius-Wilde-Orgel (1593). Schräg gegenüber liegt das **Materialienhaus,** ein Fachwerkspeicher aus dem frühen 16. Jh. Das Sandsteinportal von 1634 am **Gasthof Oldenwöhrden** (gute regionale Küche) kündet von altem Wohlstand.

Albersdorf (▶ G 7): `direkt 4` ▶ S. 49

Büsum ▶ E 7

Die kleine Insel Büsum, deren Bewohner erfindungsreiche Strandräuber gewesen sein sollen, wuchs erst gegen Ende des 16. Jh. durch natürliche Landgewinnung an das Festland heran. Schon zu Beginn des 19. Jh. stellte sich das idyllische Bauern- und Fischerdorf auf Badegäste ein, seit 1837 ist Büsum offiziell Seebad. Ferienwohnungen, Großbauten wie das Kurmittelhaus, das Haus des Kurgastes und das 1972 erbaute, weithin sichtbare Hochhaus prägen den Badeort (knapp 5000 Einw.), in dem bevorzugt Familien mit kleineren Kindern, aber auch viele ältere Menschen Urlaub machen. Erst auf den zweiten Blick kommt der alte Fischerort zum Vorschein.

Büsums Wahrzeichen ist der 25 m hohe, rot-weiß gestreifte **Leuchtturm** am Hafen, in dem Ausflugsschiffe und Krabbenkutter vor Anker liegen. Die Bedeutung des Krabbenfangs hat stark abgenommen – waren 1948, ein Jahr vor der Gründung des Seebads, noch 136 Kutter registriert, sind es heute gerade mal 20. Wichtigster Wirtschaftszweig ist der Tourismus, nach St. Peter-Ording und Westerland ist Büsum den Übernachtungen nach das drittgrößte Seebad der schleswig-holsteinischen Westküste. Beim Museumshafen beginnt die verkehrsberuhigte Alleestraße. In ihr wird alles geboten, was Urlauber begehren: Souvenirs und Geschenkartikel, maritime Bekleidung und natürlich jede Menge Imbisse, Cafés und Restaurants.

St.-Clemens 1
Kirchenstraße, www.kirche-buesum. de, tagsüber geöffnet
Das hübsche Gotteshaus wurde Mitte des 15. Jh. auf einer Warft errichtet. Das prächtige Votivschiff, ein 1,80 m langer, mit Kanonen ausgestatteter Dreimaster, trägt den Namen ›Der milde Herbst‹. Sagenumwoben ist das Taufbecken, das durch den Seeräuber Cord Widderich zur Kirchweihe von der Insel Pellworm hierher verschleppt wurde.

Sturmflutwelt Blanker Hans 2
Dr.-Martin-Bahr-Str. 7, Tel. 04834 90 91 35, www.blanker-hans.de, April–Okt. tgl. 10–18 Uhr, Erw. 9 € (10 € ohne Gästekarte), Familienkarte 25 € (29 €)
In unmittelbarer Hafennähe befindet sich das Erlebniscenter, das die Form einer Welle hat. Es bietet eine faszinierende Mischung aus Unterhaltung, Information und Fahrattraktion zum Thema Sturmflut. Und jüngere Besucher können ausprobieren, wie es sich als Pirat lebt.

Museum am Meer 3
Am Fischereihafen 19, www.museum-am-meer.de, März–Okt. und in den Weihnachtsferien Di–Fr ▷ S. 52

Karte: ▶ G 7 | **Dauer:** 3–5 Std.

Die Geest ist die älteste Landschaft an der Westküste, nicht so fruchtbar wie die sehr viel jüngere Marsch, dafür aber auch nie überflutet. In der Jungsteinzeit vor etwa 5000 Jahren ließen sich hier die ersten Ackerbauern und Viehzüchter nieder.

Den zahlreichen, im Gelände noch sichtbaren Zeugen der Ur- und Frühgeschichte verdankt das Gebiet um Al-

bersdorf seinen Ruf als »klassische Quadratmeile der Archäologie Norddeutschlands«. Die ältesten Hinweise auf die Anwesenheit von Menschen stammen aus der späten Altsteinzeit. Nach dem Ende der letzten Eiszeit zogen Rentierjäger durch die Albersdorfer Geest, sie hinterließen einige wenige Gegenstände aus Feuerstein. Erst mit dem Beginn der Jungsteinzeit begannen die Menschen nachweisbaren Einfluss auf die Landschaft zu nehmen.

49

Mittels Brandrodung schafften sie Platz für ortsfeste Siedlungen. Durch das Schlagen von Bau- und Brennholz, Borkennutzung und Laubheugewinnung wurden die Wälder gelichtet. Die neolithischen Bauern hielten Rinder, Schweine, Ziegen und Schafe, mit der intensiver werdenden Landnutzung dehnten sich die Heideflächen aus.

Vom Maisacker zum Steinzeitwald

Im frei zugänglichen **Steinzeitpark Dithmarschen** `1` entstand in Albersdorf im Verlauf eines mehrere Jahrzehnte dauernden Entwicklungsprozesses auf einer Fläche von etwa 40 ha eine Landschaft der Jungsteinzeit. Vom Parkplatz führt ein Spazierweg vorbei an **Weiden mit Ziegen und Schafen** `2` durch lichten Wald mit Informationsschildern in einem weiten Bogen zurück zum **Steinzeitdorf** `3`, in dem seit 1997 verschiedene jungsteinzeitliche Häuser nachgebaut wurden. An Sonntagen erwacht das Dorf zum Leben. Dann werden verschiedene Aktivitäten angeboten: steinzeitliches Brotbacken, Bogenschießen, Feuersteinbearbeitung, (präparierte) Ausgrabungen oder eine Steinzeitrallye.

Bewegung mit Hebelkraft

Auf dem Weg vom Steinzeitpark zum 800 m entfernten Museum für Archäologie und Ökologie verweist ein Schild auf eine vorgeschichtliche Grabanlage, eine der besterhaltenen Norddeutschlands. Das in die Zeit um 3200 v. Chr. datierte **Großsteingrab Brutkamp** `4`, in einer kleinen Parkanlage inmitten normaler Wohnbebauung gelegen, besitzt einen mächtigen Deckstein – mit ca. 23 t der größte Schleswig-Holsteins. Transportiert wurden die riesigen Steine mittels ständig nachzulegender rollender Stämme unter Ausnutzung der Hebelwirkung längerer Stämme oder Äste. Die imponierende Anlage, um die sich viele Sagen und Überlieferungen ranken, ist bis heute nicht durch Ausgrabung erforscht. Wer mehr wissen will: Zum Archäologischen Museum sind es noch etwa 400 m, hier ist eine ganze Abteilung dem Thema Grab und Kult gewidmet.

Steinzeitliche Experimente

Im Untergeschoss des **Museums für Archäologie und Ökologie** `5` fällt als erstes eine Nachbildung des sogenannten **Schalensteins von Bunsoh** ins Auge. Er war Teil eines vollständig erhaltenen Großsteingrabs (Ganggrab) aus der Jungsteinzeit (ca. ab 3500 v. Chr.). Das Ganggrab bestand aus acht Träger- und drei Decksteinen. In dem westlichen Deckstein sind zahlreiche Schälchen eingearbeitet, außerdem verschiedene Zeichen mit religiöser Bedeutung wie ein vierspeichiges Rad, ein Fuß und mehrere Hände. Auf der Nachbildung sind die Kerben übrigens weitaus besser zu erkennen als auf dem Wind und Wetter ausgesetzten Original nordöstlich von Albersdorf.

Übrigens: Aus der Zeit um 3200 v. Chr. stammen die beeindruckenden Großstein- oder Megalithgräber, die als Bestattungsplätze für ganze Siedlungsgemeinschaften genutzt wurden. Sie bestehen aus unbearbeiteten Steinblöcken und waren fast immer von einem Erdhügel bedeckt. Man unterscheidet zwischen Dolmen, einfachen, aus einem Deckstein und vier liegenden Blöcken bestehenden Anlagen, und Ganggräbern, die mit einem Zugang versehen sind. Seit alters her wurden die Gräber auch Hünengräber genannt – vermutlich, weil man sie sich nur als ›Gräber für Riesen‹ vorstellen konnte.

Kinder lieben das Steinzeitdorf wegen der vielen möglichen Aktivitäten

Der Schwerpunkt der Ausstellung im alten Bahnhofsgebäude liegt auf dem Verhältnis zwischen Mensch und Umwelt und auf dem Alltag in der Steinzeit. Modelle zeigen unterschiedliche Haustypen, von denen einige im Steinzeitdorf nachgebildet sind.

Auch im Museum darf angefasst und experimentiert werden. In einem Seitenraum können Besucher am archäologischen ›Basteltisch‹ probieren, wie sich Holz mit einem Feuerstein durchbohren lässt und wie man mit einem Holzstab Glut entfachen kann. Getreidekörner lassen sich zwischen urgeschichtlichen Mahlsteinen zu Mehl zerreiben. Learning by doing – selber ausprobieren macht schlau: Am besten, man geht noch einmal ins Museumsdorf zurück, um sein frisch erlangtes Wissen im ›echten Steinzeitleben‹ auszuprobieren.

Infos

AÖZA ist die Abkürzung für Archäologisches Zentrum Albersdorf. Dazu gehören der Steinzeitpark und das angrenzende Steinzeitdorf, beide sind vom gebührenpflichtigen Parkplatz (2 €) zu erreichen.

Steinzeitpark Dithmarschen 1: Bahnhofstr. 23, Albersdorf, Tel. 04835 95 02 93, www.steinzeitpark-dithmarschen.de. Der Steinzeitpark ist ganzjährig frei zugänglich.

Steinzeitdorf 3: Mitte März–Ende Okt. Di–Fr 10–17 Uhr auf eigene Faust, Erw. 2,50 €, Familienkarte 5 €. Leben im Steinzeitdorf mit Aktionen zur lebendigen Archäologie So 10–17 Uhr, Erw. 4,50 €, Familienkarte 9,50 €.

Museum für Archäologie und Ökologie Dithmarschen 5: Bahnhofstr. 29, Albersdorf, Tel. 04835 97 19 74, www.museum-albersdorf.de, Di–Fr 10.30–17, So 10–17 Uhr, Erw. 2 €, Kinder 1 €.

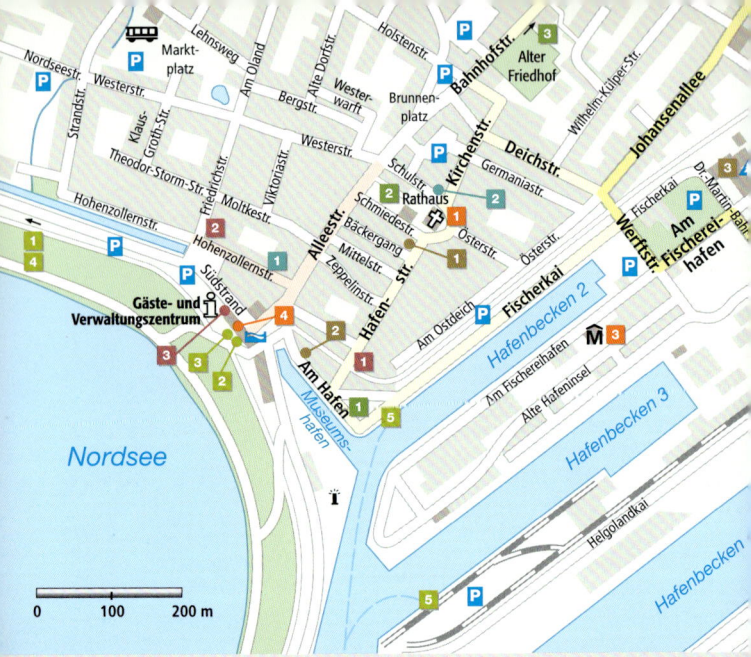

Büsum

Sehenswert
1 St. Clemens
2 Sturmflutenwelt
Blanker Hans
3 Museum am Meer
4 Büsumer Meereswelten

Übernachten
1 Zur Alten Post
2 Nordseehalle
3 Jugendherberge

Essen und Trinken
1 Kolles Alter Muschelsaal
2 Zum Fischkönig
3 Büsumer Pesel

Einkaufen
1 Wochenmarkt
2 Büsumer Bernsteinkontor
3 Schäferei Rolfs

Ausgehen
1 Zur Sackgasse
2 Pub Jolly Joker

Sport und Aktivitäten
1 Perlebucht
2 Erlebnisbad Piraten Meer/
Vitamaris Büsum
3 Wassersport Büsum
4 Wattwanderungen/Start
5 Schiffsfahrten nach
Helgoland

11–17, Sa 13–17, So 11–17 Uhr, Erw.
2,50 € (2 € mit Gästekarte), Familienkarte 5 € (4 €)
Museum für Küstenfischerei und Tourismus. Die Ausstellung macht mit dem Alltag der Fischer bekannt. Interessant sind
die Filme über die Krabbenfischerei von
1837 bis heute. Angeboten werden
auch Führungen, Hafenbummel sowie

Krabbenpulkurse. Ein fischereigeschicht-
licher Lehrpfad führt vom Leuchtturm
über den Ankerplatz zum Museum.

Büsumer Meereswelten 4
*Am Südstrand 9a, www.buesumer-
meereswelten.de, in der Saison
tgl. 11–17, im Juli/Aug. 10–18 Uhr,
außerhalb der Saison siehe Aushang,*

4 €, Kinder (3–15 Jahre) 2 €
In 34 Schaubecken wird die Welt unter und am Wasser präsentiert – die große Artenvielfalt zwischen kalter Nordsee und tropischem Korallengarten.

Übernachten

Traditionsreich – **Zur Alten Post** **1**: Hafenstr. 2, Tel. 04834 951 00, www.zur-alten-post-buesum.de, DZ ab 102 €. Hotel-Restaurant gegenüber der Kirche, abseits des Trubels und doch zentral. Gespeist wird in der original Dithmarscher Bauernstube.

Am Museumshafen – **Nordseehalle** **2**: Am Hafen 2, Tel. 04834 24 88 oder 98 60, www.hotel-nordseehalle.de, DZ 90–112 €. Schon etwas in die Jahre gekommen, aber viele Zimmer mit Hafen- und Leuchtturmblick. Nur ein paar Schritte sind es zum Strand.

Zum Strand 700 m – **Jugendherberge** **3**: Dr.-Martin-Bahr-Str. 1, Tel. 048 34 933 71, www.jugendherberge.de/jh/buesum, Übernachtung ab 18,90 € (mit Etagendusche), ab 27 Jahren 4 € mehr. Angenehme Lage in Gehentfernung zum Kutterhafen (500 m) und zum Strand. Es gibt überwiegend 3-, 4- und 6-Bett-Zimmer.

Essen und Trinken

Sehenswert – **Kolles Alter Muschelsaal** **1**: Hafenstr. 27, Tel. 04834 24 40, Di–So 12–14, 17–22 Uhr, www.kolles-alter-muschelsaal.de, Hauptgerichte ab 14 €. 100 000 Muscheln sowie eine Galionsfigur schmücken die Wände des Muschelsaals. Hier werden viele Reisegruppen bewirtet, das Essen ist normal bis gut.

In der Fußgängerzone – **Zum Fischkönig** **2**: Hohenzollernstr. 18, Tel. 04834 96 59 55, www.fischkoenig-buesum.de, April–Okt. ab 11 Uhr, ab 11 €, von vielen Gerichten gibt es auch eine kleine Portion. Viel Fisch, aber auch

Fleisch. Das Lokal ist immer gut besucht.

Beste Lage – **Büsumer Pesel** **3**: Südstrand 15, Tel. 04834 10 40, tgl. 10–22 Uhr, im Winter Mi–Mo, Hauptgerichte ab 10 €. Café-Restaurant im Gäste- und Veranstaltungszentrum, der Blick über den Strand auf die Nordsee ist grandios, viel Fisch.

Einkaufen

Obst, Gemüse und mehr – **Wochenmarkt** **1**: auf dem Ankerplatz, im Sommerhalbjahr Di 7–14 Uhr.

Schöne Souvenirs – **Büsumer Bernsteinkontor** **2**: Schmiedestr. 5, Tel. 04838 23 54, www.bernsteinschleifer.de, in der Saison tgl. 10–18 Uhr. Bernstein bestaunen, aber auch selber kreativ werden, beim Schleifen an der Maschine oder mit der Hand.

Hofladen – **Schäferei Rolfs** **3**: Marschenweg 26, Büsumer Deichhausen, Tel. 04834 65 45, www.schaeferei-rolfs.de, April–Okt. Mo–Sa 10–18, So 14–18, im Winter Sa, So 14–18 Uhr. Deichlammspezialitäten und selbst gemachte Fruchtaufstriche, auch ein Bauernhof-Café und Ferienwohnungen.

Ausgehen

Eine belebte und beliebte Kneipenmeile ist die Hohenzollernstraße.

Versteckt – **Zur Sackgasse** **1**: Hohenzollernstr. 4, am Wochenende ab 18 Uhr. Hier kann man sich vom Trubel in der Fußgängerzone erholen.

Spaß auf zwei Etagen – **Pub Jolly Joker** **2**: Kirchenstr. 3, Tel. 04834 27 71, www.pub-jolly-joker.de, Di, Do–Sa, vor Fei 21–4 Uhr, in der Saison tgl. Partymusik; wechselnde Themen und DJs.

Sport und Aktivitäten

Draußen baden – 3,5 km langer Grünstrand am Deich. In der **Perlebucht** **1** findet man einen breiten, aufgeschütteten Sandstrand und einen kleinen, tideunabhängigen Badesee.

Drinnen baden – **Erlebnisbad Piraten Meer** 2 : Südstrand 5, Tel. 04834 90 91 33, www.piratenmeer.de, Tageskarte ab 8 € (mit Gästekarte), Kinder 5,50 €. Erlebnisbad mit Meeresblick, Saunawelt, Whirlpool, Solarium, Kinderbecken, Highspeed-Wasserrutsche.

Wellness – **Vitamaris Büsum** 2 : Südstrand 5, Tel. 04834 909 124, www.vitamaris-buesum.de. Neben medizinischen Behandlungen und Wellnessprogramm gibt es eine ausgedehnte Sauna- und Badelandschaft sowie ein Fitnesszentrum, Kinderbetreuung.

Kite- und Windsurfen – **Wassersport Büsum** 3 : Tel. 0172 672 70 87, www.wassersport-buesum.de, Mai–Sept. tgl. 10–18 Uhr. Wassersport-Center auf der Sandinsel, tideunabhängiges Surfrevier für Anfänger in der Perlebucht, auch Vermietung von Tretbooten und Kajaks.

Wattwanderungen – ›Wattlaufen mit Musik‹ ab **Hauptstrand/am Piratenmeer** 4 ist Büsums Spezialität; Juni–Sept. 6 x pro Woche, ab 20 °C. Außerdem naturkundliche Wattführungen, mit Krabbenfischen, Familien- und Kinderwattwanderungen (unterschiedliche Ausgangsorte). Info: www.watterleben.de, www.buesum-fuehrungen.de, www.buesum.de/veranstaltungen.

Schiffstouren – Die Reedereien **Rahder** und **Cassen Eils** 5 bieten in der Saison tgl. Fahrten nach Helgoland an, zu den Seehundbänken, durch den Nationalpark Wattenmeer oder in den Nord-Ostsee-Kanal: Reederei Rahder, Tel. 04834 36 12, www.rahder.de, bzw. Cassen Eils, Tel. 04834 93 82 20, www.helgolandreisen.de.

Golf – s. S. 24

Infos und Termine

Kur- und Tourismus-Service: im Gäste- und Veranstaltungszentrum (GVZ), Südstrand 11, 25761 Büsum, Tel. 04834 90 90, www.buesum.de.

Bahn: Nächster InterCity-Bahnhof ist Heide, dorthin gibt es etwa stdl. Bus- und Bahnverbindungen.

Krabbenexpress/Citybus: März–Okt. regelmäßiger Linienverkehr im Ort, zum Anleger der Helgolandfahrten und zu den Badestränden sowie nach Büsumer Deichhausen; auch Rundfahrten durch den Nordwesten Büsums oder durch das Hafengelände und den Südosten Büsums gibt es (www.krabben-express.de).

Büsumer Straßenkünstlerfest: Juli, 3 Tage. Vorstellungen zwischen Museumshafen und Ankerplatz zwischen 12 und 22 Uhr, kein Eintritt, die Künstler sammeln ihre Gage mit dem Hut ein.

Büsumer Kutterregatta: am Wochenende Ende Juli/Anfang Aug. buntes Treiben rund um den Hafen mit Papierboot-Regatta und Feuerwerk.

Ausflüge von Büsum

Helgoland (▶ A 7): **direkt 5** ▶ S. 56
Wesselburen (▶ E 7): Einen »herrlich schönen Flecken« nannte der Dithmarscher Chronist Neocorus vor fast 400 Jahren die kleine, freundliche Landstadt (3000 Einw.), die vom Wohlstand der Bauern in den neu gewonnenen Kögen profitierte. Ihre Umgebung, besonders das **Blumendorf Schülp**, ist heute für die bunten Blumenfelder – vor allem Begonien – bekannt (Blütezeit im August und September).

Die mit einem Zwiebelturm ausgestattete barocke **St.-Bartholomäus-Kirche** wurde auf den Grundmauern des 1736 abgebrannten Vorgängerbaus errichtet. Sehr schön ist die einheitliche barocke Ausstattung, beeindruckend das hohe hölzerne Tonnengewölbe. Nett und ländlich ist der **Wochenmarkt** an der Kirche (Mi und Sa 8–12 Uhr).

Dem berühmtesten Sohn der Stadt, Friedrich Hebbel (1813–1863) ist das **Hebbel-Museum** gewidmet: Die Ausstellung in der ehemaligen Kirchspielvogtei von 1737 veranschaulicht den Lebensweg des in Wesselburen geborenen Dichters. Berühmt wurde er mit Dramen wie »Maria Magdalena« und der »Nibelungen-Trilogie« (Österstr. 6, abgehend vom Kirchplatz, Tel. 04833 41 90, www.hebbel-museum.de, Mai–Okt. Di–Fr 10–12, 14–17, Sa, So 10–12, 15–17 Uhr, 2 €).

Im Gebäude einer alten Zucker- und späteren Sauerkrautfabrik wird über die Herstellung von Sauerkraut informiert. In dem **Kohlosseum** genannten Komplex gibt es nun die Krautwerkstatt, ein Kohlmuseum und einen Bauernmarkt, auf dem man Kohlprodukte kaufen kann (Krautwerkstatt, Museum Di, Mi, Do 14–17 Uhr; Bauernmarkt Mo–Fr 9–17, Sa 9–13 Uhr).

Wer hungrig ist, kann im netten Gasthof **Ulmenklause** (Am Markt 4) einkehren, hier kommt deftige Dithmarscher Küche auf den Tisch.

Land & Leute Familienpark (▶ E 7): Der Freizeitpark für die ganze Familie liegt nordöstlich von Wesselburen. Ein Erlebnis für die Lütten sind Ponyreiten sowie Ziegen, Schafe und Hühner streicheln, auf dem Abenteuerspielplatz toben und Ruderboot fahren. Jugendliche ab 14 Jahren interessieren sich dagegen eher für die Gelände-Gokart-Bahn. Außerdem gibt es einen Grill- und Picknickplatz (Wehren 1, Oesterwurth, Tel. 04833 29 29 und 23 86, www.land-und-leute-erlebnispark.de, April–Okt. tgl. 10–18 Uhr, 9 €, Familienkarte 33 €).

Die Krabbenfischerei spielt in Büsum noch immer eine große Rolle

Karte: ▶ A 7 | **Planung:** insgesamt knapp 9 Std.; Fahrtzeit pro Strecke gut 2 Std., Inselaufenthalt 3–4 Std.; bei Sturm keine Überfahrten

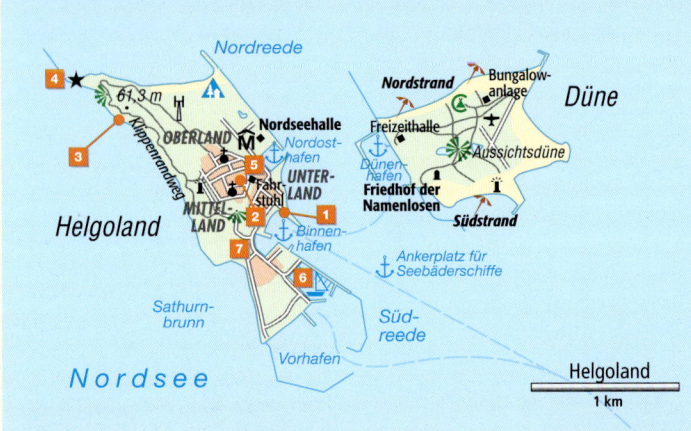

Nirgendwo in Deutschland ist die Luft so prickelnd rein wie hier. Von den kräftigen Armen der Börtemänner sicher in Empfang genommen, tut man gut daran, die Geschäftsstraßen des Unterlandes hinter sich zu lassen. Im Oberland führt der Klippenrandweg am Lummenfelsen vorbei zur Langen Anna, dem Wahrzeichen Helgolands.

Fast 60 m ragt die rote Sandsteininsel aus dem Meer empor – rund 70 km von der nordfriesischen Küste entfernt. Verwaltungsmäßig gehört Deutschlands einzige Hochseeinsel, bestehend aus Felseninsel (950 m²), Düne (700 m²) und Felswatt, zum Kreis Pinneberg in Schleswig-Holstein. Knapp 1300 Menschen leben auf der Felseninsel. Sie besteht aus drei Teilen: dem Unterland mit Kur- und Verwaltungseinrichtungen, dem Oberland mit Schule und Kirche sowie dem kleinen Mittelland mit dem Krankenhaus. Informationstafeln verweisen auf Besonderheiten der Natur und der Geschichte Helgolands.

Der Big Bang

Wegen ihrer exponierten Lage war die Insel, die im Verlauf ihrer Geschichte mehrmals unter dänischer und englischer Herrschaft stand, immer wieder ein Schlupfwinkel für Schmuggler und Seeräuber. Die berüchtigten Likedeeler unter Klaus Störtebeker und Gödeke Michel wurden um 1401 von der hanseatischen Flotte vor Helgoland überwältigt. 1890 tauschte Kaiser Wilhelm II.

die zu England gehörende Hochseeinsel gegen die deutschen Kolonialrechte in den ostafrikanischen Ländern Somaliland und Wituland sowie in Sansibar ein. Ab 1908 wurde Helgoland zur Seefestung ausgebaut. Ein Kriegshafen samt U-Bootbunker entstand. Im Fels wurden Luftschutzbunker, Munitionslager und ein Lazarett angelegt. Im Zweiten Weltkrieg wurde das waffenstarrende Helgoland bombardiert und die Bebauung völlig zerstört, man musste die rund 3000 Bewohner evakuieren. Nach Kriegsende nutzten die Engländer Helgoland als Übungsplatz für weitere Bombenabwürfe. 1947 schließlich deponierten sie 6700 t Sprengstoff in Bunkern und unterirdischen Gängen und versuchten die Insel zu sprengen. Der Big Bang misslang. Statt wie geplant zu verschwinden, veränderte die Insel lediglich ihre Form. 1950 hissten zwei Heidelberger Studenten die Europaflagge auf dem geschundenen Fel-seneiland und forderten ein Ende der Bombardierungen. Ihr Appell fand weltweit Beachtung, 1952 wurde die Insel endgültig freigegeben, ihre Bewohner konnten zurückkehren.

Nach dem Wiederaufbau boomte das Fremdenverkehrsgeschäft, im Jahr 1973 zählte man 820 000 Tagesgäste. Hauptattraktion war der zollfreie Einkauf von Schnaps und Zigaretten. Doch statt das Geld in weitere Attraktionen zu investieren, wurde abkassiert.

Erst als die Gästezahlen dramatisch – auf unter 300 000 Besucher – sanken, begannen sich die Helgoländer gegen das schlechte Image ihrer Insel als Fuselfelsen zu wehren und deren natürliche Vorzüge zu preisen: die einmalige Natur mit Felswatt und Vogelfelsen, die bewegte Historie und die liebevoll gepflegten friesischen Traditionen.

»Welkoam iip Luun!«

Helgoländerinnen in hübschen Trachten empfangen die Gäste im Sommer an der **Landungsbrücke** 1 und verteilen eine Informationsbroschüre mit Inselplan.

Helgolands Hauptstraße Lung Wai führt am Rathaus (mit Touristeninformation) und unzähligen Geschäften vorbei direkt auf den Fahrstuhl ins Oberland zu. Wer mag, kann natürlich auch zu Fuß gehen.

Basstölpel fühlen sich am Helgoländer Lummenfelsen wohl

Übrigens: Am Hafen steht eine Büste des Dichters Heinrich Hoffmann von Fallersleben, der im Jahr 1841 auf Helgoland, d. h. im englischen Exil, das »Lied der Deutschen« dichtete – die heutige Nationalhymne.

Auf dem Oberland

Auch oben, **Am Falm** `2`, gibt es viele Geschäfte und Restaurants. Von hier bietet sich eine fantastische Aussicht über den Hafen und die Bäderschiffe bis hinüber zur Düne. Am Falm beginnt der Klippenrandweg, der im Uhrzeigersinn um das Oberland herumführt (3 km). Am nordwestlichen Felsrand Helgolands liegt der **Lummenfelsen** `3`, Deutschlands einziger Vogelfelsen, an dem im Frühjahr bis zu 30 000 Seevögel gezählt werden. In den steilen Wänden brüten überwiegend Dreizehenmöwen, aber auch Basstölpel und die pinguinähnlichen Trottellummen. Ein spektakuläres Schauspiel bietet sich im Juni: Die junge, noch flugunfähige Lumme stürzt sich vom Felsen, flattert dabei so kräftig es geht mit den Flügeln, bis sie unsanft im Wasser aufplatscht. Dort wartet schon die Altlumme, die gemeinsam mit ihrem Jungen auf die offene See hinausschwimmt.

Ziel aller Wanderer ist die **Lange Anna** `4` an der Nordspitze der Insel. Bis 1860 war der 48 m hohe, frei stehende Felsen durch einen natürlichen Felsbogen mit der Insel verbunden. Doch unermüdlich nagte die Brandung an dem weichen Gestein. Um dem weiteren Abbruch der Insel vorzubeugen, baute man eine 1300 m lange Uferschutzmauer, außerdem erhielt die Lange Anna eine Füllung aus Stahl und Beton.

Maritime Meile

Wer auf intensives Shoppen verzichtet, hat noch Zeit für einen Besuch des **Aquariums** `5` der Biologischen Anstalt Helgolands oder einen Bummel zum **Südhafen** `6`. Hier legt der Katamaran an, im Winter ankern hier auch die Bäderschiffe, dann wird auf das Ausbooten verzichtet. Auf dem Weg dorthin passiert man die **Hummerbuden** `7`, ehemalige Geräteschuppen der Fischer. Diese vermitteln noch das Flair vom historischen Helgoland, obwohl auch sie erst nach der Freigabe Helgolands 1952 entstanden. Die Hummerbuden sind der Rahmen für eine maritime Meile mit Kunst, Kultur und Kulinarischem.

Infos

Planung und Anfahrt: Von Ende März bis Ende Okt. geht es mit der ›Lady von Büsum‹ tgl. nach Helgoland (Reederei Rahder, Fischerkai, Büsum, Tel. 04834 36 12, www.rahder.de, Abfahrt ab Ankerplatz/Fischerkai Büsum, Di–So gegen 9.15, Rückkehr gegen 18.45 Uhr, Tagesrückfahrkarte Erw. 35 €, Familie ab 91 €). Auch die ›MS Funny Girl‹ der Reederei Cassen Eils fährt in der Saison tgl. nach Helgoland (Tel. 04834 93 82 20, www.helgoland reisen.de, Abfahrt ab Helgolandkai, Hafenbecken 3 um 9.30, Rückkehr gegen 18.30 Uhr, Erw. 37 €, Familie 88 €).

Führungen auf Helgoland

Tipp: Die Reederei Rahder und der Verein Jordsand bieten kostenlose **Führungen zu Helgolands Kegelrobben** auf der Düne an, die Teilnehmerzahl ist auf 30 beschränkt. Anmeldung an Bord.

Inselbahn

Fahrt zu den Sehenswürdigkeiten, ab Landungsbrücken, 6 €.

Halbinsel Eiderstedt

Tönning ▶ E 6

Das Stadtwappen Tönnings (5000 Einw.) zeigt einen weißen Schwan auf einer im Wasser schwimmenden Tonne. Es verweist auf eine Legende, der zufolge hier nach einer schweren Sturmflut ein Schwan auf einer Tonne angetrieben worden sein soll. Dies wurde als Zeichen Gottes für das baldige Ende der Wassernot gedeutet. Der 1187 erstmals erwähnte Hafenort wurde im 16. Jh. von den Gottorfer Herzögen zur Nebenresidenz und Festung ausgebaut. Nach der Fertigstellung des Hafens zu Beginn des 17. Jh. spielte der Ort für den Güterverkehr eine wichtige Rolle. Mit dem Bau des Nord-Ostsee-Kanals (Ende des 19. Jh.) sank Tönnings Bedeutung. Aus der Glanzepoche sind in der Umgebung des historischen Hafens und Marktes einige interessante Gebäude erhalten, doch die meisten Bauten aus der Schloss- und Festungszeit sind verschwunden. Auf dem Markt findet man den Marktbrunnen aus dem Jahr 1613 – ein Kleinod barocker Brunnenarchitektur.

St.-Laurentius-Kirche 1

Prachtvoll ist die Ausstattung des lang gestreckten Backsteinbaus, dessen älteste Teile von 1185 stammen (Am Markt, tagsüber geöffnet). Imponierend das große Tonnengewölbe, die barocken Deckengemälde wurden 1704 geschaffen, der Barockaltar stammt aus dem Jahr 1634.

Der Hafen

Durch den Schlosspark gelangt man vom Markt zum historischen Eiderhafen. Nur noch wenige Krabbenkutter liegen hier vor Anker – durch den Bau des Eidersperrwerks ist er zum Binnenhafen geworden. Die Fischer können nun mit ihren Schiffen an der Eidermündung, also wesentlich näher an ihren Fanggründen, vor Anker liegen.

Am alten Hafen liegt das 1783 fertiggestellte **Packhaus** 2, in dem einst bis zu 6000 Rinder und Schafe auf ihre Verladung warteten. Es wird heute vielfältig genutzt, u. a. als Adventskalender, als Mondscheinkino oder für Floh- und Antikmärkte. Im 1. Stock zeigt die **Gesellschaft für Tönninger Stadtgeschichte** eine Ausstellung zur Geschichte der Hafenstadt (Am Hafen, www.packhaus-toenning.de, Mai–Sept. Di–So 14.30–17.30 Uhr, 2 €). Links neben dem Packhaus liegt der Tonnenhof, das Seezeichenlager des Wasser- und Schifffahrtsamtes.

Multimar Wattforum 3

`direkt 6|` ▶ S. 60

Übernachten

Schöner wohnen – **Hotel Godewind** 1: Am Hafen 23, Tel. 04861 66 00, www.hotel-godewind.info, DZ ab 79 €. Ein persönlich geführtes, stilvolles Haus mit Sauna und Solarium. Die große Sonnenterrasse des empfehlenswerten Restaurants geht direkt auf den Hafen, ein Platz zum Wohlfühlen.

6 | Wasserland und Fischgeflüster – im Multimar Wattforum

Karte: ▶ E 6 | **Cityplan Tönning:** S. 63 | **Dauer:** ca. 2 Std.

Naturschutz betrifft alle – die Menschen, die am Wattenmeer zu Hause sind, dort arbeiten oder ihren Urlaub verbringen ebenso wie diejenigen, die einfach nur gerne Fisch essen – irgendwo fern der Küste. Klar wird einem das spätestens bei einem Besuch im Multimar Wattforum.

Schaf ist nicht gleich Schaf

Der **Fußweg** vom Parkplatz zum Multimar Wattforum bietet freien Blick über das grüne Vorland der Eider, Schafe grasen vor und hinter dem Deich. Nordfriesland ohne die wolligen Tiere – unvorstellbar. 160 000 Schafe soll es in Nordfriesland geben, fast ebensoviele wie Einwohner (etwa 166 000). Als Wolle- und Fleischlieferanten sind die Schafe ein wichtiger landwirtschaftlicher Faktor, zudem arbeiten sie unermüdlich für den Schutz der nordfriesischen Küste. Indem sie das Gras der Deiche kurzhalten und mit ihren Hufen den Boden feststampfen, sorgen sie zum einen dafür, dass heranbrandende Wellen die schützende Grasdecke des Deiches nicht so leicht aufreißen können, und zum anderen haben es Maulwürfe und Mäuse zumindest schwerer, im Deich zu wühlen. Informationstafeln entlang des Weges zum Multimar Wattforum stellen die verschiedenen Schafrassen vor, die an der Küste vorkommen.

Nationalpark und Welterbe

Ein Modell des Wattenmeeres unmittelbar vor dem **Multimar Wattforum** 3 stimmt auf den Besuch des Erlebnishauses ein. Es ist das größte und faszinierendste Informationszentrum des Nationalparks Wattenmeer.

Das Wattenmeer zählt zu den letzten großen Naturlandschaften Europas. Es ist Drehscheibe für den Vogelzug zwischen der Arktis und Afrika und Lebensraum für eine unter den extremen Bedingungen des Gezeitenwechsels lebende Tier- und Pflanzenwelt. Zu seinem Schutz wurde der Wattengürtel zwischen Sylt und Borkum zum Nationalpark erklärt (Schleswig-Holstein 1985, Niedersachsen 1986, Hamburg 1990). Das Multimar Wattforum präsentiert das Thema Weltnaturerbe in der ihm eigenen interaktiven und anschaulichen Weise. Warum wurde das Watt als Welterbe ausgezeichnet? Wieso darf vor Friedrichskoog, in unmittelbarer Nachbarschaft der Insel Trischen, dem ältesten und artenreichsten Vogelschutzgebiet Deutschlands, noch immer Öl gefördert werden? Dürfen weitere Offshore-Windkraftanlagen genehmigt werden? Gute Fragen, die in der Ausstellung beantwortet werden.

Walgesänge

Im **Walhaus** begegnen Sie einem ausgewachsenen Pottwal. 17,5 m lang ist das aus 157 Einzelknochen bestehende Skelett eines 1997 im Wattenmeer vor der dänischen Insel Rømø gestrandeten Meeressäugers. Die natürliche Form einer Körperhälfte ist durch Kunststoff nachgebildet und hilft der Fantasie auf die Sprünge. Themenkammern informieren über das Leben der Giganten von der Geburt bis zum Tod und über die Kommunikation der Tiere untereinander ebenso wie über die brutalen Walfangmethoden. Besonders spannend ist das ›Kapitel‹ über den Schweinswal – die einzige im Nationalpark Wattenmeer heimische Walart. Jahrzehntelang war sie verschwunden, erst seit Ende der 1980er-Jahre tummeln sich im Meer vor Sylt und Amrum wieder nennenswerte Bestände der delfinartigen Tiere.

Fischtheater

Ansonsten sind im Multimar Wattforum überwiegend deutlich kleinere Tiere zu bestaunen. Die größte Attraktion des

In der alten Fischereigenossenschaft von Tönning gibt es frischen und geräucherten Fisch

Übrigens: Im Sommer 2009 wurden das schleswig-holsteinische, niedersächsische und niederländische Wattenmeer als Weltnaturerbe der UNESCO ausgezeichnet – ein Prädikat ersten Ranges, mit dem schon Naturhöhepunkte wie der Grand Canyon und das australische Great Barrier Reef geehrt wurden.

fast 30 Aquarien umfassenden Ausstellungsbereichs ist das zweistöckige Turmaquarium. Dorsche gleiten ruhig durch das Wasser, flinker sind die großgefleckten, armlangen Katzenhaie, die in Aquarien bis zu 20 Jahre alt werden können. Und wie grimmig der graue Seewolf guckt! Zweimal in der Woche steigt ein Taucher in das Becken – atemlose Stille herrscht dann im Zuschauerraum – und gibt über Mikrofon Erklärungen zur Unterwasserwelt ab. Dort in der Höhle hat sich z. B. ein Helgoländer Hummer versteckt. Mit einer Stimme, die aus dem Wasser etwas quäkig klingt, antwortet der Taucher auf die Fragen der Besucher vor der Scheibe. »Hast du gar keine Angst?«, will ein Mädchen wissen. Respekt auf jeden Fall, meint der Mann hinter der Scheibe. Der grimmige Seewolf wird mit Hilfe einer langen Metallzange gefüttert. Seine spitzen, bissigen Zähne würden sich leicht durch das Neopren der Handschuhe bohren. Die Haie hingegen fressen dem Taucher aus der Hand.

Infos

Multimar Wattforum `3`: Am Robbenberg, Tönning, Tel. 04861 962 00, www.multimar-wattforum.de, April–Okt. tgl. 9–18, Nov.–März 10–17 Uhr, Erw. 8 €, Kinder (4–15 Jahre) 5,50 €, Familienkarte 24 €. Fischfütterung durch den Taucher April–Okt. Mo, Fr 14, Nov.–März nur Mo 14 Uhr.
Informationen zum Weltnaturerbe im Internet: www.wattenmeer-weltnaturerbe.de

Bewirtung im Multimar Wattforum

Mit Blick über das Deichvorland der Eider sollten Sie die Gelegenheit nutzen, frische, regionale Spezialitäten wie Matjes, Brathering und Mehlbeutel, Grünkohl oder Miesmuscheln in der Restauration im Gebäude des Wattforums zu probieren. Auf Nachhaltigkeit wird Wert gelegt, der Fisch wird über einen Tönninger Händler bezogen und ist MSC-zertifiziert. MSC bedeutet ›Marine Stewardship Council‹ und ist ein Siegel, das für umweltbewussten Fischfang steht. Auch der normale Verbraucher, der im Supermarkt einkauft, sollte auf dieses Siegel achten, Informationen dazu, inkl. der Namen umweltbewusst und nachhaltig produzierender Firmen, erhält man im Multimar Wattforum.

Fisch und Krabben

Alte Fischereigenossenschaft `1`: Am Eiderdeich 12, Tönning, Tel. 04861 961 60, www.krabbenundfisch.de, in der Saison Mo–Fr 8–18, Sa 8–12 Uhr. Nach dem Besuch des Wattforums lohnt ein Spaziergang zum **Tönninger Hafen.** Unweit des Packhauses (man muss das Hafenbecken also einmal ganz umrunden) befindet sich das sonnengelb gestrichene, innen kühl gefliste ehemalige Gebäude der Genossenschaft der Tönninger Krabbenfischer, das 1990 in ein Fischgeschäft umgewandelt wurde. Hier gibt es frischen Fang, Krabben und Räucherfisch.

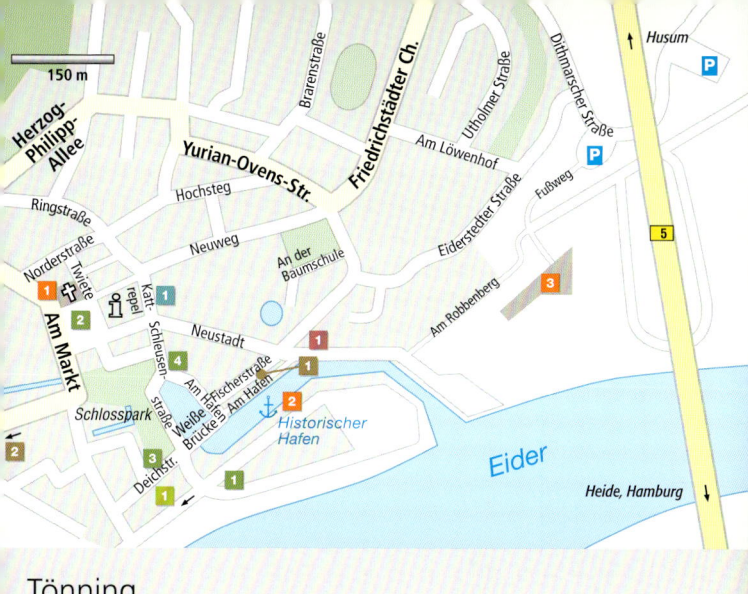

Tönning

Sehenswert
1 St.-Laurentius-Kirche
2 Packhaus
3 Multimar Wattforum

Übernachten
1 Hotel Godewind
2 Jugendherberge Tönning

Essen und Trinken
1 Zum Goldenen Anker

Einkaufen
1 Alte Fischerei-genossenschaft
2 Wochenmarkt
3 Tönninger Töpferei
4 Galerie am Hafen

Ausgehen
1 Roter Hahn

Sport und Aktivitäten
1 Meerwasserfreibad

Umweltstudienplatz Nordseeküste – **Jugendherberge Tönning** 2 : Badallee 28, Tel. 04861 12 80, www.djh-nordmark.de/jh/toenning, ab 19,70 € pro Person. Modernes, großes Haus mit 133 Betten, am Ortseingang, von Kating kommend. Interessante naturkundliche Projekte und Veranstal-tungen.

Essen und Trinken

Gut isst man im Godewind (s. Übernachten), nett sitzt es sich im Roten Hahn (s. Ausgehen).

Norddeutsche Küche – **Zum Goldenen Anker** 1 : Am Hafen 32, Tel. 04861 218, www.hotel-goldener-anker.de, 8–10 (Frühstück), 11.30–21 Uhr,

Nov.–März wochentags von 14–17 Uhr geschl., Scholle satt für 11,90 €. Kleiner, netter Gasthof am Hafen mit gutem Fischrestaurant.

Einkaufen

Krabben und Fisch – **Alte Fischereigenossenschaft** 1 : s. S. 62

Typisch norddeutsch – **Wochenmarkt** 2 : bei der Kirche, Mo 6–13 Uhr.

Form- und farbschön – **Tönninger Töpferei** 3 : Deichstr. 14, Tel. 04861 57 65. Handgedrehte Keramik in dezenten Blau- und Naturtönen.

Zwischen Eider und Karibik – **Galerie am Hafen** 4 : Am Hafen 1, Tel. 04861

61 08 78, wechselnde Öffnungszeiten, am besten einfach vorbeischauen. Kunsthandwerk, Schmuck, Bilder und Skulpturen regionaler und internationaler Künstler.

Sport und Aktivitäten

Baden – Der Tönninger **Badestrand** erstreckt sich an der Eider: Er bietet Sandstrand für die Kleinen, eine Brücke zur Badewiese auf dem grünen Deich und das Watt der Eider. Direkt am Strand befindet sich auch das **Meerwasser-Freibad** 1 mit Sauna (im Sommer tgl. 10–19.30 Uhr). Strandkörbe – sowohl für das Freibad als auch für den Badestrand – kann man an der Freibadkasse mieten.

Ausgehen

Urig-charmant – **Roter Hahn** 1: Alte Feuerwache, Kattrepel, Mo, Mi–So 11–14 und ab 17 Uhr. Restaurant, Café und Kneipe im alten Feuerwehrhaus, nur wenige Minuten vom Markt, auch tagsüber ein netter Treff: günstiger Mittagstisch.

Infos und Termine

Touristeninformation: Am Markt 1, 25832 Tönning, Tel. 04861 614 20, www.toenning.de.

Bahn: stdl. Verbindung mit IC-Station Husum.

Tönner Peermarkt: am 3. So im Aug. im Schlosspark Tönning. 1825 gegründeter und 1991 wiederbelebter Pferdemarkt mit Tanz und Ringreiten; am Vorabend um 22 Uhr Feuerwerk.

In der Umgebung von Tönning

Haubarge auf der Halbinsel Eiderstedt (▶ E 5): **direkt 7**▶ S. 65

Katinger Watt (▶ E 6): Nachdem die Nordsee mit dem Bau des Eidersperrwerks buchstäblich ausgesperrt war, wurde ein Teil der Eidermündung 5 km südwestlich von Tönning zum Koog. Eine Fläche von rund 12 000 ha wurde 1973 eingedeicht, entwässert und für Verkehr, Tourismus und Landwirtschaft erschlossen. 340 ha Wald forstete man mit Laubbäumen auf, weite Bereiche sind Naturschutzgebiet – Wiesen, Wald, Tümpel und Teiche – mit zwei versteckten Beobachtungshütten und einem 13 m hohen Aussichtsturm. Ausgangspunkt für eine Erkundungstour ist das Naturzentrum Lina Hähnle Haus (Katingsiel 14, Tel. 04862 80 04, April–Okt. tgl. 10–18 Uhr, www.nabu-katinger-watt.de).

Einen Ausflug wert – **Schankwirtschaft Andresen:** Katingsiel, Tel. 04862 370, Mai–Okt. tgl. 12–23, Nov.–April tgl. 14–22 Uhr. Gleich hinterm Deich werden im über 300 Jahre alten Reetdachhaus mit historischer Kachelstube selbst gebackene Kuchen, Matjes-, Krabben- und Schinkenbrote, Pharisäer und Omas Eiergrog serviert.

Eidersperrwerk (▶ E 6): Imposant präsentiert sich das zwischen 1967 und 1973 entstandene Küstenschutzwerk 8 km südwestlich von Tönning, seinerzeit der größte Dammbau Europas. Auf einer Länge von 5 km schützt der als Jahrhundertbauwerk gepriesene Damm das gesamte Eider-Gebiet vor den Fluten der Nordsee; die fünf je 45 m breiten Sielöffnungen werden bei drohender Sturmflut geschlossen. Am Sperrwerk befinden sich Liegeplätze für Fischkutter sowie ein Rettungskreuzer der Deutschen Gesellschaft zur Rettung Schiffbrüchiger. Kinder lieben die Ausflugsfahrten zu den Seehundbänken (ab Eidersperrwerk, Dauer ca. 1,5 Std., Info: Reederei Adler Schiffe, Tel. 04842 90 00 00, www.adler-schiffe.de).

Tipp: Am Speicherbecken, 800 m vom Eidersperrwerk Richtung Tönning, kann man bestens und tideunabhängig baden und surfen. Mit nettem Lokal und kleinem Spielplatz. ▷ S. 68

7 | Von Haubarg zu Haubarg – quer durch Eiderstedt

Karte: ▶ D–F 5/6 | **Rundtour:** insgesamt ca. 55 km

Die landwirtschaftlich geprägte Halbinsel ist berühmt für ihre Haubarge – die »größten Bauernhöfe der Welt«, wie sie manchmal stolz genannt werden. Sie entstanden in einer Zeit, in der einer alten Chronik zufolge im Land mehr Gold und Silber als Kupfer und Eisen zu finden waren. Grundlage des Reichtums bildeten die üppigen Ernten, die das eingedeichte, fruchtbare Marschland hervorbrachte.

Ziegel statt Reet

Die Tour beginnt beim berühmtesten, bestens ausgeschilderten Haubarg, dem **Roten Haubarg** **1**, im Adolfskoog, 3 km nördlich von Witzwort: Das weiß verputzte Gehöft stammt im Kern aus dem 17. Jh. und verdankt seinen Namen vermutlich der ursprünglichen Eindeckung mit roten Ziegeln, die sich nur äußerst wohlhabende Bauherren leisten konnten. Das vor Ort geerntete Reet war ein sehr viel preiswerteres Material. Im Wohnteil des Roten Haubargs befindet sich heute ein gemütliches Café-Restaurant, in dem regionale Spezialitäten serviert werden. Der ehemalige Wirtschaftsteil ist Museum und gewährt Einblick in die grandiose Dachkonstruktion und die Landwirtschaft vergangener Tage.

Wie reiche Bauern wohnten

Auch wenn die Haubarge wohl nicht die größten Bauernhöfe der Welt sind, so sind sie doch überaus beeindruckende Denkmale alter bäuerlicher Herrlich-

65

Einst war er wahrscheinlich mit Ziegeln gedeckt – der Rote Haubarg bei Witzwort

keit: Das mächtige, an allen Seiten tief über das Mauerwerk herabgezogene, pyramidenförmige Reetdach vereint unter sich Wohnräume, Ställe und Vorratskammern. Den Kern eines Haubargs bildet der ›Vierkant‹ aus vier hoch aufragenden Ständern. Wo es erforderlich war, konnte der Vierkant auf ein Rechteck mit sechs, acht oder zehn Ständern erweitert werden. Dieser hohe Raum nahm die gesamte Sommerernte an Heu und Getreide auf. Mit der Entwicklung der modernen Landwirtschaft verlor der Vierkant seine Bedeutung. Viele Gehöfte wurden abgedeckt und abgebrochen, die Kosten für den Unterhalt waren den Besitzern zu hoch.

Wohnen in Herrenhäusern

Vom Roten Haubarg geht es durch die alten Kirchdörfer Witzwort und Oldenswort. Unweit von Oldenswort liegt das **Gut Hoyerswort** 2 . Der schlossartige Renaissancebau wurde von 1591 bis 1594 für Caspar Hoyer, einen der wichtigsten Ratgeber des Herzogs Adolf von Gottorf, erbaut. 1704 wurde ein Haubarg an der Nordseite angesetzt. Der Besitzer ist ein Keramiker mit Werkstatt, der auf dem Gut ein Café und ein kleines Museum betreibt und auch Ferienwohnungen vermietet (s. S. 67).

Etwa 2 km vor Tetenbüll (von Hoyerswort kommend) liegen zwei stattliche Haubarge, die nicht zu besichtigen sind: linker Hand der **Osterkoog-Staatshof** 3 aus dem 18. Jh., kurz darauf rechter Hand der **Haubarg Trindamm** 4 . Das 1825 mit vier Spitzgiebeln und klassizistischer Haustür errichtete Gehöft ist von einem Wassergraben umgeben. In dem gepflegten Anwesen gibt es eine hübsche Ferienwohnung zu mieten.

Tetenbüll ist ein Dorf wie aus dem Bilderbuch: drumherum weites Land und viele Schafe. In der St.-Annen-Kirche aus der Zeit um 1400 beeindrucken reiche Malereien an den Emporen und am Deckengewölbe. Im **Haus Peters** 5 in der Dörpstraat gegenüber der Kirche lockt ein alter Kolonialwarenladen aus dem Jahr 1820. Das Haus ber-herbergt neben dem historischen Laden auch eine Galerie mit Ausstellungen zu Gegenwartskunst und Kulturgeschichte. Braunes Steingut und selbst gemachte Konfitüren stehen im Laden zum Verkauf.

Filmkulisse und Gartenfreuden

Weiter geht es gen Westen. Nächstes Etappen-Ziel ist **Tating.** Während Autofahrer am schnellsten auf der B 202 über Garding dorthin gelangen, können Radfahrer schmalere Nebenstraßen benutzen. Der unter Denkmalschutz stehende **Hauberg Hamkenshof** 6 aus dem 18. Jh. liegt – verborgen hinter Bäumen – gleich am Ortseingang auf der rechten Seite. Der bewirtschaftete Reiterhof diente schon so manches Mal als Filmkulisse.

Ein Schmuckstück ist der **Hochdorfer Hauberg** 7. Der 1764 erbaute Hauberg beherbergt Ferienwohnungen.

Der dazugehörige Park ist eine der schönsten historischen Gartenanlagen Nordfrieslands und öffentlich zugänglich. Zu erreichen ist der Park am besten vom Parkplatz neben dem Galerie-Café **Schweizer Haus** 1. In dem in Holzbauweise mit Fachwerk errichteten ehemaligen Sommersitz lässt es sich schön Kaffee trinken. Auf Liegestühlen kann man mit Blick in den Park wunderbar entspannen.

Einmal baden und zurück

Wer die Tour als Rundtour beenden möchte, sollte sich jetzt von Tating Richtung Norden halten. In der näheren Umgebung des Dörfchens **Poppenbüll** sind mehrere Haubarge zu entdecken. Empfehlenswert ist es dann, die Straße parallel zum Seedeich für den Rückweg zu wählen. Am Tetenbüllspieker/Everschopsiel befindet sich eine beliebte **Badestelle** 1 am Meer. Über Uelvesbüll geht es zum Ausgangspunkt zurück.

Essen und Trinken

Roter Hauberg 1: Sand 5, Witzwort, Tel. 04864 845, www.roter-hauberg. de, Di–So 11–22 Uhr, Friesische Küche, Lamm und Fisch 10–33 €. Das Museum ist während der Restaurantzeiten geöffnet, freier Eintritt.

Schweizer Haus 1: Düsternbrook 10, Tating, Tel. 04862 10 26 87, ab 12 Uhr. Sehr nettes Ambiente, Riesenstücke Kuchen, Spielplatz für die Kleinen vorhanden.

Übernachten im Hauberg

Hauberg Trindamm 4: Osterkoogsdeich 15a, Tetenbüll, Tel. 04864 100 08 83, www.hof-trindamm.de, Ferienwohnung für 2 Pers. 45 €.

Hauberg Hamkenshof 6: Dorfstr. 6, Tating, Tel. 04862 101 69, www.

hamkenshof.de, Ferienwohnungen für 2–6 Pers. 40–80 €.

Hochdorfer Hauberg 7: Tating, Tel. 030 31 18 93 oder 04862 420, www.hauberg-hochdorfer-garten.de, Ferienwohnungen für 2–6 Pers. 74–99 €.

Weitere Haubarge unter: Tel. 040 20 61 59 oder 04865 843, www.reet-und-meer.de.

Schlummern im Herrenhaus

Gut Hoyerswort 2: bei Oldenswort, mobil 0151 20 46 91 77, www.hoyerswort.de, Café/Museum Di–Sa 11–18 Uhr, 4 Ferienwohnungen für jeweils bis zu 4 Pers., 70 €. Gute Mischung aus schön und geschmackvoll, aber nicht zu vornehm. Auch Familien mit Kindern sind willkommen.

Garding ▶ D/E 6

Die »Theodor-Mommsen-Stadt« (ca. 2700 Einw.) mitten im Zentrum der Halbinsel Eiderstedt lag ursprünglich auf der Insel Everschop, die durch die Eindeichung der Inseln Utholm bei Tating und Eiderstedt bei Tönning mit diesen zur heutigen Halbinsel Eiderstedt zusammengewachsen ist. Bereits 1590 erhielt Garding, das durch den Export von Getreide und Käse in die Niederlande zu Reichtum gekommen war, zusammen mit Tönning das Stadtrecht. Der Marktplatz, auf dem jeden Dienstag Wochenmarkt abgehalten wird, ist seit jeher das Zentrum der beschaulichen Kleinstadt. Ein Bummel lohnt: 23 Schilder zur Stadtgeschichte informieren über ihre Vergangenheit.

St.-Christians-Kirche

Die zweischiffige Hallenkirche geht auf einen 1117 geweihten Bau zurück (Markt 4, www.sankt-christian.de, tagsüber geöffnet). Sie kündet vom einstigen Wohlstand der Eiderstedter. Mächtige Kreuzrippengewölbe überspannen das Innere. Getragen werden sie von zwei mit spätgotischen Rankenmalereien verzierten Pfeilern. Eine Rarität ist die Orgel, der Prospekt des Hauptwerks stammt von 1512. Ein Denkmal vor der Kirche erinnert an Theodor Mommsen.

Theodor-Mommsen-Haus

Im alten Diakonat gegenüber der Kirche, dem ältesten Haus der Stadt (Markt 5, zu Veranstaltungen geöffnet), wurde Theodor Mommsen geboren (1817–1903). Der Sagensammler, Politiker und Historiker erhielt 1902 für seine »Römische Geschichte« den Literatur-Nobelpreis. Im Foyer des angrenzenden neuen Gemeindehauses gewährt eine Ausstellung Einblick in sein Leben und Werk.

Übernachten

Typisch Eiderstedt – **Wohnen im Haubarg:** s. S. 67

Essen und Trinken

Nach Schweizer Art – **Kerlins Kupferpfanne:** Fischerstr. 1, Tel. 04862 256, www.kerlins-kupferpfanne.de, tgl. 11–22 Uhr, Hauptgerichte 8–20 €. Schwyzer-Rösti mit Fleisch, Fisch oder Meeresfrüchten, knackigem Gemüse oder süß. Wirklich lecker, das Ambiente ist aber etwas in die Jahre gekommen.

Sport und Aktivitäten

Zauberhaft – **Puppentheater Marianne Vocke:** Mückenberg 6, Tel. 04862 171 86, www.puppentheater-vocke.de, Termine im Touristenbüro. Ein Hochgenuss sind die Stabpuppen-Spiele der Schauspielerin und Opernsängerin Marianne Vocke, im Werkstatt-Theater oder auch im Garten.

Verstehen durch Begreifen – **Experimenta:** Tatinger Str. 1, Tel. 04862 15 54, Juli, Aug. tgl. 10–18, Mai, Juni Mo–Sa 10–18, März, April, Sept.–Dez. Mo–Sa 10–16, Jan., Febr. Do–Sa 10–16 Uhr, 5,50 €, Kinder (ab 4 Jahren) 4,50 €. Eine Entdeckungsreise durch die Welt der Naturgesetze, hier heißt es: selber entdecken, erforschen, ausprobieren.

Ausgehen

Musikkneipe – **Lütt Matten:** Enge Str. 15, Tel. 04862 12 00, www.luetmatten-garding.de, Do–Di ab 17, außer Mi, So auch 10–13 Uhr. Hier ward de Musik noch vun Hand maakt! Gemütliche Kneipe und Kaffeestuuv, Möglichkeit zum Musikmachen (Instrumente vorhanden) und Billardspielen, kleine Speisen.

Infos und Termine

Tourismusverein Garding: Am Markt 26, 25836 Garding, Tel. 04862 469, www.garding-nordsee.de.

Das Kapital von St. Peter-Ording sind die ausgedehnten Sandbänke

Bahn: stdl. Verbindung zwischen der IC-Station Husum und Garding mit der Nord-Ostsee-Bahn.
Gardinger Rosenfest: 1. So im Aug. Alles rund um die Rose, auch Kinderattraktionen.
Musikantenbörse Garding: s. S. 19

Umgebung von Garding

Katharinenheerd (▶ E 6): In dem hübschen Dorf 3 km östlich von Garding thront auf hoher Warft die spätgotische Kirche St. Katharina. An der äußeren Chorwand befindet sich ein Relief der in Katharinenheerd geborenen Eiderstedter Nationalheldin ›Martje Flohrs‹. Es erinnert an den Trinkspruch, den die Bauerntochter Martje Flohrs einem unwillkommenen Gast, dem schwedischen General Stenbock, bei einem Besatzungsgelage in Katharinenheerd entboten haben soll: »Et gah uns wohl up unse olen Dage.« – »Möge es uns auf unseren alten Tagen wohlergehen.«

St. Peter-Ording ▶ D 6

Der Duft von Kiefern und Salzwiesen, dazu viel feinkörniger Sand – das Nordseeheilbad St. Peter-Ording (ca. 4200 Einw.) hat viel zu bieten: einen rund 12 km langen und bis zu 2 km breiten Sandstrand, einen 350 ha großen Kiefernwald und eine schwefelhaltige Solequelle.

Der lang gestreckte und fahrradfreundliche Ferienort besteht aus vier Teilen: Am schönsten ist das alte St. Peter-Dorf mit romanischer Backsteinkirche, vielen reetgedeckten Friesenhäusern und einem Heimatmuseum. Die Dünen-Therme, das Gesundheitszentrum, die Apartmenthäuser und eine lange Brücke zum Strand prägen das moderne St. Peter-Bad. Ganz im Süden liegt Böhl mit Leuchtturm und Nordsee-Internat. Das in Wald eingebettete Ording ist Treffpunkt der Surfer und Strandsegler.

0   400   800 m

St. Peter-Ording

Sehenswert
1 Kirche St. Peter
2 Eiderstedter Heimatmuseum
3 Westküstenpark mit
Robbarium

Übernachten
1 Strand Gut Resort
2 Hotel Christiana garni
3 Gästehaus Godewind/
Frisia
4 Haubarg Sattlerhof

Essen und Trinken
1 Sansibar Arche Noah
2 Strandbar 54° Nord
3 Silbermöwe
4 Kiek-In
5 Wanlik Hüs
6 Die Seekiste

Einkaufen
1 Markt
2 Galerie-Café Richardshof
3 Ordinger Töpferei
Silke Schebera
4 Bernsteinmuseum

Ausgehen
1 Spökenkieker
2 Café Köm
3 Dünen-Hus

Sport und Aktivitäten
1 Dünen-Therme
2 Wassersportcenter
X-H2O
3 Reitverein
St. Peter-Ording
4 Gestüt Martinshof
5 Reiterhof Immensee
6 Nordwind Wasser-
sport e. V.

HAFERACKER

ST-PETER-
DORF

Bövergeest

NOB Haltestelle
St. Peter-Süd

Bövergeest

Eiderstedter Str.

Am Bahnhof

WITTENDÜN

Rathaus

Dorfstr.

Wittendüner Allee

Berliner Weg

Heideweg

Pestalozzistr.

Immensee-
weg

Birken-
weg

Böhler Landstr.

Wohldweg

Westküsten-
park

Jahnweg

Zum
Karpfenteich

ST-PETER-
BÖHL

Böhler Weg

Böhler Weg

Böhler Landstr.

Pestalozzistr.

Radweg Deichtour

Tümlauer Chaussee

Die typischen Restaurants auf Stelzen gehören zu St. Peter-Ording wie der weite Strand

Kirche St. Peter [1]

Der Backsteinbau in der Olsdorfer Straße im hübschen alten Dorf stammt aus dem frühen 13. Jh., wurde aber im Lauf der Jahrhunderte stark verändert. Der Kreuzigungsaltar (um 1480–1500) ist der älteste Schnitzaltar Eiderstedts, um 1510 ist die reich verzierte Triumphkreuzgruppe entstanden.

Eiderstedter Heimatmuseum [2]

Olsdorfer Str. 6, Dorf, Tel. 04863 12 26, Di–Sa 10–17, So 10–13 Uhr, Erw. 4 € (3 € mit Gästekarte)
In dem uthlandfriesischen Bauernhaus aus dem 18. Jh. wird die Wohnkultur und Lebensweise der Küstenbewohner lebendig. Ein Ausstellungsbereich ist den Anfängen des Badelebens gewidmet: Er zeigt die Verwandlung der kleinen Ortschaften St. Peter und Ording vom ›Armenhaus‹ der Halbinsel in eines der bedeutendsten Seebäder Deutschlands.

Westküstenpark mit Robbarium [3]

Wohldweg 2, Tel. 04863 30 44, April–Okt. tgl. 9.30–18 (17.30 Uhr letzter Einlass), Nov.–März 10.30–15.30 Uhr, www.westkuestenpark.de, Erw. 9 €, Kinder (3–15 Jahre) 6,50 €, Familienkarte ab 23 €
Abwechslung vom Strand für die ganze Familie bietet der Westküstenpark, der 2007 offiziell zum Zoo erklärt wurde. In dem Landschaftspark finden viele seltene Haustierrassen und Wildtiere einen naturnahen Lebensraum. Einzigartig ist das Robbarium – eine kombinierte Anlage für Seehunde und Basstölpel. In der Saison 2 x tgl. Seehundvorführungen sowie Haustier- und Wildtierfütterungen.

Übernachten, Essen

Cool – **Strand Gut Resort** [1]: Am Kurbad 2, Ortsteil Ording, Tel. 04863 999 90, www.strandgut-resort.de, DZ 109 € (Landblick), für den (seitlichen)

Seeblick muss man noch mal 30–50 € draufleben. Modernes Designhotel, mit dem Restaurant Deichkind, Therme gleich nebenan.

Jugendstilvilla – **Hotel Christiana garni** **2**: Im Bad 79, St. Peter-Bad, Tel. 04863 90 20, www.hotel-christiana.de, DZ ab 102 €, Ferienwohnung 75–126 €. Das 1912 errichtete, weinumrankte Backsteinhaus liegt inmitten eines idyllischen Gartens. Zum Wohlfühlen: Sauna, Solarium und Fitnessraum.

Friesisch, modern, gediegen – **Gästehaus Godewind/Frisia** **3**: Waldstr. 31, Ortsteil Ording, Tel. 04863 969 00, www.godewind-spo.de. Nach einem Eigentümerwechsel wurde das 1832 erbaute, inmitten eines großen Grundstücks mit altem Baumbestand gelegene Reetdachhaus komplett renoviert. Neueröffnung 2011, mit offenem Kamin und Vinothek, Preise auf Anfrage.

Ruhige Lage – **Hauberg Sattlerhof** **4**: Wittendüner Allee 61, St. Peter-Dorf, Tel. 04863 41 17, www.pension-sattlerhof.de, DZ 76 €, Ferienwohnung 79 € (mindestens 5 Übernachtungen). Zimmer und Ferienwohnungen auf einem ehemaligen Bauernhof, auf dem es immer noch Tiere zum Streicheln gibt. Großes Grundstück mit altem Baumbestand, Halbpension möglich.

Camping – Sieben **Campingplätze** und ein **Reisemobilhafen** verteilen sich im Ortsbereich, der Tourismus-Service verschickt Broschüren, man kann sie auch im Internet herunterladen: www.st.peter-ording.de/prospekte.

Essen und Trinken

Sylt-Feeling – **Sansibar Arche Noah** **1**: Sandbank, St. Peter-Bad, Tel. 04863 81 10, www.sansibar-arche-noah.de, tgl. 10–22 Uhr, Hauptgerichte ab 11 €. Panorama-Restaurant und Winebar. Seit Neueröffnung (Ostern 2011) angelehnt an das Sansibar auf Sylt. Gute Küche, feine Weine und lockerer, junger Service.

Immer wieder schön – **Strandbar 54° Nord** **2**: Ordinger Strand 999, Tel. 04863 47 81 75, www.strandbar-spo.de, von früh bis spät geöffnet. Was für eine Lage direkt am Strand! Am schönsten sind die Liegen in der 1. Reihe. Wie auch die anderen Pfahlbauten ist die Strandbar im Winter geschlossen. Salate, Pasta, Fisch ab 7 €

Berühmtes Frühstück – **Silbermöwe** **3**: Strand Ording-Nord, Tel. 04863 12 22, www.strandcafe-silbermoewe.de, Mai–Aug. 10.30–21, März, April, Sept., Okt. 10–18 Uhr. Ein Pfahlbau, der aus den TV-Serien »Gegen den Wind« und »Die Strandclique« bekannt ist.

Regionale Küche – **Kiek In** **4**: Olsdorfer Str. 3, St. Peter-Dorf, Tel. 04863 10 05, www.restaurant-kiek-in.stpeter

Die Strände von St. Peter-Ording

Jeder Ortsteil von St. Peter hat seinen eigenen Badestrand mit einem Restaurant auf Pfählen. Der Weg zum Wasser – zu Fuß oder mit dem Rad – beträgt 1 km. Die Strände von Böhl und Ording sind direkt mit dem Auto zu erreichen und haben kostenpflichtige Parkplätze. Zu den Stränden Böhl und Dorf (Südstrand) verkehrt im Stundentakt der Ortsbus (für Inhaber der Gästekarte kostenlos). An den Strand von St. Peter-Bad gelangt man über eine lange Seebrücke. Achtung: An den Stränden gibt es außer der Gastronomie keine Einkaufsmöglichkeit, man sollte alles Nötige für einen Strandtag mit dabeihaben, der Weg zurück ist ganz schön weit.

ording.de, tgl. ab 9 Uhr, im Winter Do–Di, Bratheringe 9,50 €, Lammbraten 16,50 €. Nach dem Motto »…un lod di dat godgaan« kann man Speis und Trank im urigen Friesenhaus genießen.

Fisch und Lamm – **Wanlik Hüs 5**: Dorfstr. 27, St. Peter-Dorf, Tel. 04863 30 30, warme Küche 12–22 Uhr, im Winter Do–Di, Matjes um 9,50 €, Wildlachs 17,50 €. Nordseespezialitäten in einem denkmalgeschützten, 300 Jahre alten Friesenhaus.

Guter Fisch – **Die Seekiste 6**: Böhler Sandbank, s. S. 76.

Einkaufen

Landlust – **Markt 1**: Mi in St. Peter-Dorf. Frische Produkte von Hof und Feld.

Kuchen und Kunst – **Galerie Café Richardshof 2**: Wittendüner Allee, Böhl, Tel. 04863 70 32 20, Mai–Okt. Fr–Mi 15–19 Uhr. Sehr nettes Café mit wechselnden Ausstellungen. Hier können Sie Aquarelle, Radierungen, Kleinkunst und Keramik erwerben.

Formschöne Unikate – **Ordinger Töpferei Silke Schebera 3**: Öwerweg 12, beim Bahnhof Bad St. Peter-Ording, Tel. 04863 87 68, www.toepferei-spo.de, Mo, Di, Do, Fr 10–12, 15–18 Uhr, Nov.–März nur nach Absprache. Ein Klassiker ist der Schifferpott, unten breit, damit er bei stürmischer See nicht umkippt, und oben schmal, damit nichts überschwappt.

Gold des Nordens – **Bernsteinmuseum 4**: Dorfstr. 15, Dorf, Tel. 04863 56 11, www.nordsee-bernsteinmuseum.de, Mitte März–Ende Okt. Mo–Fr 9.30–13, 14.30–18.30, Sa 9.30–13, So 11–13 Uhr, Nov.–März reduzierte Öffnungszeiten, Erw. 2 €, Kinder 1 €. Ausstellung, Verkauf, Bernsteinbearbeitungskurse (Mi 16 Uhr, Dauer ca. 2 Std., Materialkosten ab 15 €) und Schleifkurse für Kinder (in den Schulferien Mi 9.30 Uhr, Dauer 1,5 Std., 6 €).

Ausgehen

Beliebter Treff – **Spökenkieker 1**: Dorfstr. 12a, Dorf, Tel. 04863 44 11, tgl. bis Mitternacht. Café und Bierkneipe auf zwei Etagen in einer restaurierten Scheune, Küstenfrühstück ab 10 Uhr, Kleinigkeiten zu essen, hier schauen auch Einheimische mal vorbei.

Abschalten – **Café Köm 2**: Strandweg 2, Ording, Tel. 04863 15 33, www.cafe-koem.de, tgl. geöffnet, tagsüber Café, abends Fußball zum Gucken, italienisch-amerikanische Küche, Cocktails und/oder Billard.

Kultur – **Dünen-Hus 3**: Erlebnispromenade im Ortsteil Bad, zu Veranstaltungen geöffnet. Veranstaltungshaus in bester Lage: Konzerte, Vorträge, Ausstellungen, Theateraufführungen und Open-Air-Veranstaltungen.

Sport und Aktivitäten

Wattwanderungen – **direkt 8|** S. 75

Grandiose Sauna – **Dünen-Therme 1**: St. Peter-Bad, Tel. 04863 99 91 61, www.st-peter-ording-nordsee/freizeit-und-erlebnisbad.html, Erw./Kinder 7 €/4 € (2 Std.), Tageskarte 13 €/7 € (mit Gästekarte), April–Okt. Mo–Sa 9.30–22, So 10–19, sonst Mo–Sa 14–22, So 10–19 Uhr. Freizeit-/Erlebnisbad inkl. großartiger Saunalandschaft mit Blick auf Meer und Dünen.

Everybody is welcome – **Wassersportcenter X-H2O 2**: am Strand von St. Peter-Ording, Tel. 0175 248 84 24, www.x-h2o.de, Mai–Okt. Kitesurfen, Windsurfen (für Kinder ab 5 Jahren), Katamaransegeln.

Ausritte und Unterricht – **Reitverein St. Peter-Ording 3**: Zum Südstrand 11, gleich hinter dem Außendeich in St. Peter-Dorf, Tel. 04863 24 01; **Gestüt Martinshof 4**: Brüllweg 2, am Weg von St. Peter-Dorf zur B 202, Tel. 04863 24 52; ▷ S. 77

8 | Weit hinaus! – die ›Small Five‹ im Wattenmeer

Karte: ▶ D 6 | **Dauer:** je nach Tour 1–3 Std.

Wer in der Wildnis Afrikas unterwegs ist, will die ›Big Five‹ sehen: Elefant, Löwe, Nashorn, Büffel und Leopard. Im Nationalpark Wattenmeer stehen die ›Small Five‹ auf der Urlauberwunschliste ganz oben: Wattwurm, Herzmuschel, Strandkrabbe, Nordseegarnele und Wattschnecke – ein paar Nummern kleiner zwar, aber auf ihre Art ganz besonders.

Am Böhler Strand von St. Peter-Ording thront das Restaurant **Seekiste** `6` auf Stelzen über den Fluten. Auf dem Bohlensteg davor versammeln sich die Wattwanderer und ein Mitarbeiter der Schutzstation Wattenmeer. Durch schmale Priele geht es über Watten und Sandbänke zum Eiderstrom, der immer Wasser führt. Drei Stunden soll die Tour dauern, es ist allerdings keine stramme Wandertour, sondern eher ein Entdeckungsbummel auf dem Meeresboden.

Watt'n Meer

»Ich höre des gärenden Schlammes geheimnisvollen Ton«, so beschreibt Theodor Storm das Wispern und Knistern, mit dem das Watt bei Ebbe erfüllt ist.

Auf den ersten Blick ist enttäuschend wenig zu entdecken von der Vielfalt hochspezialisierter Lebewesen, die das Watt bevölkern sollen. Das Auge schweift über die weiten, bereits trocken gefallenen Flächen: nur ein paar angetriebene Algen, Muschelschalen, eine Qualle. Der erste Eindruck täuscht, denn bei Niedrigwasser zieht sich alles, was im Watt kreucht und fleucht, in den schützenden Boden zurück.

Wattwurm und Kollegen

Vor uns erstreckt sich das Reich des Wattwurms, auch Pierwurm und Sandpier genannt. Seine Hinterlassenschaften sind die auffälligsten Tierspuren im Watt. Geringelte Kotsandhaufen und ein dicht daneben einfallender Trichter markieren Ende und Anfang des etwa 20 bis 30 cm tiefen, U-förmig gebogenen Ganges, in dem der Wurm lebt. Mit dem Vorderende nimmt er den durch den Trichter in die Röhre fallenden nährstoffreichen Sand auf, verdaut die organischen Partikel und scheidet die unverdaulichen Anteile als Kotschnüre mit dem Hinterende wieder aus. Beim Erzählen gräbt der Wattführer mit seiner Forke schon mal den einen oder anderen Bewohner aus dem grauen Watt. Die runden geriffelten Herzmuscheln leben nur 1 bis 2 cm unter der Oberfläche und laufen damit immer Gefahr, freigespült zu werden. Aus diesem Grund müssen sie besonders beweglich sein. Man kann dabei zugucken, wie sie sich mit Hilfe ihres Fußes ruckelnd wieder ins Watt eingraben. Die einzige Muschelart, die unmittelbar auf dem Wattboden siedelt, ist die dunkle, keilförmig gestreckte, bläulich oder bräunlich schimmernde Miesmuschel.

Ebenfalls eine wichtige Beute für Vögel sind die Strandkrabben, die zu den Kurzschwanzkrebsen zählen und nicht zu verwechseln sind mit den Krabben, die die Kutter in Friedrichskoog und Büsum anlanden. Das wiederum sind Sandgarnelen, die nur unter dem Namen ›Krabbe‹ vermarktet werden. Im Gegensatz zu den Strandkrabben haben sie lange Schwänze. Alles klar?

Der Ausgangspunkt der Wanderung an der **Seekiste** 6 auf der Böhler Sandbank ist auch ihr Endpunkt, sehr praktisch, denn in der »Kiste an der Küste« werden Krabben und köstlicher Fisch serviert, und wenn's von der Zeit her passt, sollten Sie hier auch mal einen Sonnenuntergang erleben.

Infos
1 bis 3-stündige Wattwanderungen werden überall entlang der Küste angeboten. In St. Peter-Ording bietet die Schutzstation Wattenmeer in der Saison etwa 1 x pro Woche eine große 3-stündige Wattwanderung an, Ausgangspunkt ist die **Seekiste** am Böhler Strand, die mit Auto und Bus zu erreichen ist, Spendenvorschlag: Erw. 6 €, Kinder 3 €. Termine im Veranstaltungskalender, www.st.peter-ording.de oder bei der Schutzstation Wattenmeer St. Peter-Ording-Dorf, Zum Südstrand (im Bauhof Halle 3), Tel. 04863 53 03, www.schutzstation-wattenmeer.de.

Ausstattung
Barfuß und in kurzer Hose ist es am schönsten, es gibt natürlich auch Tage, an denen man lieber einen dicken Pulli, eine Windjacke und Gummistiefel trägt. Allerdings: Ein kleines Stück führt die Wanderung durch schlickiges Mischwatt, hier bleibt der eine oder andere Gummistiefel gerne hängen.

Essen und Trinken
Die Seekiste 6: Tel. 04863 47 67 57, www.dieseekiste.de, in der Saison 10–22 Uhr, Hauptgerichte 10–20 €.

Reiterhof Immensee `5`: Böhler Weg 83, Tel. 0172 880 33 41.

Strandsegeln – **Nordwind Wassersport e. V.** `6`: www.nordwind-wassersport.de. Schnupper- bzw. Grundkurse in Katamaransegeln und Surfen werden angeboten. Die lange priellose **Sandbank** ist ein ideales Revier für Strandsegler, die hier Geschwindigkeiten bis zu 150 km/h erreichen. In St. Peter werden Deutsche und Europa-Meisterschaften ausgetragen.

Rad fahren – Über 120 km ausgebaute **Rad-** und **Wanderwege** können in St. Peter-Ording erkundet werden. Geführte Radtouren führen u. a. quer durch St. Peter (ca. 18 km, 2 Std.), zur Tümlauer Bucht, also Richtung Nordosten mit Panoramablick zum Westerhever Leuchtturm (ca. 18 km, 2 Std.). Außerdem gibt es eine Hauberg-Fahrradtour (ca. 19 km, 2 Std.), die nach Tating zum Hauberg Hamkenshof führt (eine Gebühr von 2 € zum Erhalt des Hofes wird erhoben, s. S. 67). Alle Touren werden in der Saison regelmäßig angeboten, die Termine stehen im Veranstaltungskalender.

Infos und Termine
Tourismus-Zentrale St. Peter-Ording: Maleens Knoll 2, 25826 St. Peter-Ording, Tel. 04863 99 90, Zimmervermittlung Tel. 04863 99 91 55, www.st.peter-ording.de. Die Zimmer- und Appartementvermittlung ist in allen vier Ortsteilen vertreten. Die Geschäftsstellen in den Ortsteilen Bad und Ording sind ganzjährig, die in Böhl und Dorf allerdings nur in der Hauptsaison geöffnet.

Bahn: Nächste IC-Station ist Husum. Die Nord-Ostsee-Bahn verkehrt stdl. zwischen Husum, Tönning und St. Peter-Ording.

Hitzlöper: Ein kleiner Zug auf Rädern fährt in der Saison vom Ortsteil Bad zum Ordinger Strand. Auch Ausflugsfahrten, u. a. zum Westerhever Leuchtturm, Tel. 0176 47 07 19 72, www.de-hitzloeper.de.

Gegen-den-Wind-Triathlon: an einem Wochenende im Juli, am 1. Tag Triathlon, der 2. Tag ist ein Lauftag mit Halbmarathon, Info: Tel. 04863 26 13, www.gegendenwind.com.

Drachenfest: am Wochenende Ende Aug. oder Anfang Sept. Deutsche Lenkdrachenmeisterschaft, Flugshows und buntes Beiprogramm, www.drachenfestival-on-tour.de.

In der Umgebung
Westerhever Leuchtturm (▶ D 6): Der rot-weiß gestreifte Leuchtturm, der 10 km nördlich von St. Peter gelegen ist, wird von zwei Wärterhäuschen flankiert und ist dank Werbung das bekannteste Bauwerk an der Nordseeküste. 41,5 m hoch thront er auf einer Warft, gegründet auf 127 Eichenpfählen. Vorland und Deich von Westerhever sind Schafzuchtgebiet. Der Radwanderweg zum Leuchtturm führt durch eine Salzwiesenlandschaft, die auf den Tafeln eines Lehrpfades erklärt wird. Die vorgelagerte Sandbank erreicht man durchs flache Wasser watend. Wenn die Flut kommt, heißt es: Sachen packen und die Sandbank wieder der Nordsee überlassen.

Die Besichtigung des Turms ist möglich. Karten gibt es im **Info-Hus** am Parkplatz, Ahndelweg 4, Westerhever, Tel. 04865 12 06, die vorherige Anmeldung ist erforderlich; Besichtigung Mo, Mi, Sa 10, 11, 13, 14, 15, 16 Uhr, Erw. 4 €, Kinder 2 €. Nicht vergessen: Für den ca 2,5 km langen Fußweg vom Parkplatz zum Leuchtturm sollte man 45 Min. einplanen, Kinder unter 8 Jahren dürfen nicht mit hinauf.

Friedrichstadt (▶ F 6): `direkt 9` S. 78

Karte: ▶ F 6 | **Dauer:** etwa 2 Std.

An ein Gemälde aus dem alten Holland erinnert das zauberhafte Städtchen an der Mündung der Treene in die Eider: holpriges Kopfsteinpflaster, malerische Grachten, gesäumt von Giebelhäusern aus der Gründungszeit im frühen 17. Jh. Eine Besonderheit sind die Hausmarken, mit denen bereits die ersten Einwanderer ihre Hausfronten schmückten.

›Stadt der Toleranz‹

Seinen Namen erhielt Friedrichstadt vom Gottorfer Herzog Friedrich III., der zu Beginn des 17. Jh. Glaubensflüchtlingen aus den Niederlanden nicht nur Handelsprivilegien zusicherte, sondern ihnen auch Religionsfreiheit gewährte. Hier lebten schließlich bis zu 13 verschiedene Konfessionen friedlich miteinander. Eine bedeutende Handelsstadt aber wurde Friedrichstadt nie, es blieb immer ein beschaulicher, verträumter Ort.

Besonderer Brunnen

Im Zentrum der ›Rosenstadt‹ beginnt der Rundgang. Das hübsche **Brunnenhäuschen** 1 in der Mitte des Marktes ist mit niederdeutschen Zitaten des Dichters Klaus Groth (1819–1899) versehen. Die Westseite des mit Bäumen bestandenen Platzes wird von Giebelhäusern aus der Gründungszeit zu Beginn des 17. Jh. gesäumt. Fast vollständig erhalten ist die Häuserzeile zwischen den Nummern 16 und 24. Eine Seerose, ein Adler, eine Mühle und ein Sternenhimmel schmücken die Giebelfassaden.

Über viele Brücken musst du gehen

Auf der soliden Steinbrücke quert man den Mittelburggraben und gelangt zum **Neberhaus** 2 (Am Mittelburgwall 24). Das zwischen 1621 und 1630 entstandene Backsteingebäude, das heute das Café-Restaurant Holländische Stube beherbergt, ist ein Musterbeispiel holländischer Architektur. Während der Französischen Revolution 1789 wohnte hier für einige Monate der Herzog von Orléans. Als Emigrant war er unter dem Decknamen De Vries als Hauslehrer tätig, 1830 bestieg er als Bürgerkönig Louis Philippe den französischen Thron.

Ein Schmuckstück ist auch das sogenannte **Grafenhaus** 3 an der Ecke Mittelburgwall/Lohgerberstraße. Das 1622 erbaute, 1961 erneuerte Traufenhaus und die parallel zum Oster-Sielzug gen Südwesten führende Lohgerberstraße veranschaulichen das alte Friedrichstadt. Sorgsam verlegtes Kopfsteinpflaster, rot geklinkerte Gehsteige und altmodische Laternen lassen die Vergangenheit lebendig werden.

Giebel- und Gotteshäuser

In der von der Lohgerberstraße abgehenden Kirchenstraße passiert man rechter Hand die in den Jahren 1852 bis 1854 errichtete **Remonstrantenkirche** 4. Das schräg gegenüberliegende **Kettererhaus** 5 (Prinzessstr. 26) wurde etwa von 1626 bis 1629 erbaut. Seinen Namen erhielt es nach der gleichnamigen Uhrmacherfamilie aus dem Schwarzwald, die das Haus von 1824 bis 1924 bewohnte.

Durch die Kirchenstraße gelangt man zur Prinzenstraße und direkt auf das **Paludanushaus** 6 zu (Prinzenstr. 28). Das prachtvolle weiße Eckhaus ließ der Händler Godefridus Paludanus im Jahr 1637 errichten. Die Hausmarke zeigt Weinkübel und Traube, möglicherweise war Paludanus als Weinhändler tätig.

Schräg gegenüber an der Ecke Kirchenstraße/Prinzenstraße liegt das 1624 erbaute **Doppelgiebelhaus** 7, dessen Baujahr im Giebelbereich durch Mauerwerkzahlenanker belegt ist.

Vornehm sind viele der Friedrichstädter Straßennamen. Die Prinzenstraße führt gen Süden zum Fürstenburgwall. Sehenswert ist das **Fünfgiebelhaus** 8 (Am Fürstenburgwall 11), das

Übrigens: Die malerische Kulisse von Friedrichstadt wirkt inspirierend auf Künstler und Kunsthandwerker. Die hübschen Giebelhäuser beherbergen zahlreiche Ateliers, Werkstätten und Kunstgewerbeläden. Nirgends in Schleswig-Holstein gibt es eine so große Galeriendichte wie hier. Die Künstler öffnen ihre Türen zum jährlichen Friedrichstädter Kulturtag am letzten Samstag im August. Die Website www.kunstklima.de zeigt Bilder von Kunstschaffenden in Friedrichstadt und auf der Halbinsel Eiderstedt.

heute als Galerie genutzt wird. Ein paar Schritte weiter, Am Fürstenburgwall 15, befindet sich die turmlose katholische Kirche **St. Knuth** 9 aus der Mitte des 19. Jh. Entlang dem Binnenhafen geht es Richtung Norden zur **ehemaligen Synagoge** 10 (Am Binnenhafen/Westermarktstraße). Eine jüdische Gemeinde bestand in Friedrichstadt seit dem 17. Jh., Mitte des 19. Jh. war sie mit etwa 500 Mitgliedern die zweitgrößte Glaubensgemeinschaft der Stadt. Das ocker geklinkerte Eckhaus wird heute als Kultur- und Gedenkstätte genutzt. Eine Ausstellung erinnert an das Schicksal der jüdischen Gemeinde, von deren Mitgliedern kaum eines den Holocaust überlebt hat.

Heimat in der Fremde

Der Mittelburgwall führt in östlicher Richtung zum Markt zurück. Rechter Hand erblickt man eines der schönsten Bauwerke der niederländischen Renaissance – nämlich die 1626 erbaute **Alte**

Münze 11, die übrigens niemals als Münzprägewerkstätte benutzt wurde, sondern dem Statthalter als Amtssitz diente. Heute beherbergt sie das **Historische Museum.** Auf drei Etagen werden die Stadtgründung, die religiöse Vielfalt und das Alltagsleben im Ort vorgestellt. Ein Stadtmodell aus Ton zeigt die einzelnen Gebäude in der Zeit um 1800. Auf der mittleren Etage stellen Mitglieder der verschiedenen Glaubensgemeinschaften ihre jeweilige Religion persönlich vor. Vom Museum aus ist ein Einblick in den puritanisch schlichten Betsaal der Mennoniten möglich. Die Mennoniten, eine von dem Friesen Menno Simons (1492–1559) gegründete Glaubensgemeinschaft, nutzen einst die Räumlichkeiten gemeinsam mit der dänischen Gemeinde. Insgesamt gibt es heute noch fünf verschiedene Glaubensgemeinschaften in Friedrichstadt: Remonstranten, Lutheraner, Mennoniten, Katholiken und dänische Lutheraner.

Typisch holländisch – kleine Kanäle durchziehen Friedrichstadt

Schmuckstück aus der Gründungszeit – das Neberhaus, heute ein Restaurant

Infos

Tourismusverein Friedrichstadt und Umgebung: Am Markt 9, 25840 Friedrichstadt, Tel. 04881 939 30, www.friedrichstadt.de, Mai–Sept. gibt es tgl. gegen 11.30 Uhr eine Stadtführung, Dauer 1 Std., Erw. 3,50 €, Kinder bis 14 Jahre 3 €.

Museum Alte Münze : Am Mittelburgwall 23, Tel. 04881 15 11, www.museum-friedrichstadt.de, Mai–Sept. Di–So 11–17, im Juli/Aug. auch Mo, April und Okt. Di–Fr 15–17, Sa, So 13–17 Uhr, Erw. 2,50 €, Familie 5,50 €.

Gemütlich speisen

Holländische Stube : Am Mittelburgwall 24–26, Tel. 04881 939 00, www.hollaendischestube.de, April–Ende Okt. tgl. ab 10, Nov., Dez., März Mi–So ab 11 Uhr, Gerichte ab 11 €. Regionale Küche im Neberhaus, einem Kaufmannshaus aus der Gründerzeit. Die Café-Terrasse liegt direkt an der Gracht und bietet einen schönen Blick hinüber zum historischen Markt.

Hotel Herzog Friedrich : Schmiedestr. 11a/Ecke Am Stadtfeld 19, Tel. 04881 17 71, www.herzog-friedrich.de, DZ 95–110 €. Wunderbar sitzt es sich im friesenblauen Café, bei schönem Wetter im idyllischen Kaffeegarten. Romantische, mit Liebe eingerichtete Zimmer zum Übernachten.

Unbedingt machen

Grachtenfahrt : Den Charme des Holländerstädtchens erlebt man am besten auf einer Grachtenfahrt, in der Saison jede halbe Stunde Abfahrt, Dauer etwa 1 Std., Erw. 7,50 €, Kinder (5–14 Jahre) 3 €. Tickets und Info in der Touristeninformation am Markt, am Anleger Stapelholmer Platz oder bei der Friedrichstädter Grachten- und Treeneschifffahrt, Am Markt 17, Tel. 04881 87 63 95, www.grachten schiffahrt.de.

Husum ▶ F 5

»Am grauen Strand, am grauen Meer / und seitab liegt die Stadt; / Der Nebel drückt die Dächer schwer, / und durch die Stille braust das Meer / Eintönig um die Stadt.« Als »graue Stadt am Meer« erlangte der Geburtsort von Theodor Storm Weltruhm (**direkt 10** S. 84). Die größte Stadt an der schleswig-holsteinischen Nordseeküste (ca. 22 000 Einw.) ist Nordfrieslands Hauptstadt – und sie ist liebenswert und keineswegs grau. 1252 wurde das im Binnenland liegende Dörfchen als Husenbro (Brücke bei den Häusern) erstmals erwähnt. Durch den Einbruch der Nordsee ins Land erhielt der zuvor unbedeutende Flecken während der Sturmflut von 1362 unversehens schiffbaren Zugang zur Nordsee. Der alte Binnenhafen ist von hübschen Giebelhäusern gesäumt. Ein Stück weiter am Außenhafen legen die Ausflugsschiffe zu den Halligen ab und gehen die Krabbenkutter vor Anker.

Am Markt

100 m vom Hafen entfernt erstreckt sich der **Marktplatz** 1, neben dem Hafen das zweite Zentrum der Stadt, auf dem in der Saison zweimal wöchentlich Wochenmarkt abgehalten wird. Prächtige Fassaden aus dem 16. und frühen 17. Jh. künden vom einstigen Wohlstand der blühenden Handelsstadt. In der Mitte des Marktplatzes steht der 1902 von dem in Husum geborenen Bildhauer Adolf Brütt (1855– 1939) geschaffene ›Tine‹-Brunnen. Zu Füßen der Fischerfrau aus Bronze lädt der Brunnenrand zu einer Pause und zu einem Klönschnack ein. Der Brunnen erinnert an zwei vermögende Husumer, August Friedrich Woldsen und Catharine (Tine) Asmussen, die ihren Besitz der Stadt vermachten. Die hoch aufragende **Marienkirche** 2 entstand zwischen 1829 und 1833 als Ersatz für den 1807 wegen Baufälligkeit abgerissenen Vorgängerbau. Sie gilt als eines der Hauptwerke des Klassizismus in Schleswig-Holstein.

NordseeMuseum Husum im Nissenhaus 3

Herzog-Adolf-Str. 25, Tel. 04841 25 45, April–Okt. tgl. 10–17, Nov.– März Di–So 11–17 Uhr, www.muse umsverbund-nordfriesland.de, 5 €
Ludwig Nissen verwirklichte den ›amerikanischen Traum‹, vom Tellerwäscher zum Millionär zu werden: 1855 in Husum als sechstes von zehn Kindern eines Seilermeisters geboren, wanderte er als junger Mann nach Amerika aus, arbeitete als Tellerwäscher und Stiefelputzer. 1924 starb er als reicher Juwelier und Diamantenhändler in New York. Einen Großteil seines Vermögens vermachte er seiner Geburtsstadt für ein Museum. Zu sehen sind Exponate zu Landschaft, Natur, Kunst und Kultur Nordfrieslands. Beeindruckend sind die Dokumentationen zum Deichbau und den Sturmfluten sowie die Funde aus dem Rungholt-Gebiet. ▷ S. 87

Husum

Sehenswert

1 Marktplatz
2 Marienkirche
3 NordseeMuseum Husum
   im Nissenhaus
4 Storms Geburtshaus
5 Hohle Gasse Nr. 3
6 Stammhaus Woldsen
7 Theodor-Storm-Haus
8 Klosterfriedhof St. Jürgen
9 Gasthaus zum
   Ritter St. Jürgen
10 Poppenspälermuseum
11 Poppenspälerwagen
12 Haus des Urgroßvaters
13 Aquis-Submersus-Haus
14 Storm-Denkmal

15 Schifffahrtsmuseum
16 Nationalparkhaus
17 Ostenfelder Bauernhaus
18 Schloss vor Husum
19 Torhaus

Übernachten

1 Altes Gymnasium
2 Hotel Hinrichsen
3 Jugendherberge

Essen und Trinken

1 Schlosscafé
2 Café Brütt
3 Dragseth's Gasthof
4 Historischer Braukeller
5 Jaqueline's Café

Einkaufen

1 Wochenmarkt
2 Weltladen
3 Neustadt
4 Das Weihnachtshaus
5 Husumer AntiQuariat
6 Galerie Lüth

Ausgehen

1 Brauhaus
2 Speicher
3 Kino-Center

Sport und Aktivitäten

1 Dockkoog
2 Surfschule
3 HusumBad

10 | Allgegenwärtig – Theodor Storm in Husum

Karte: ▶ F 5 | **Cityplan:** S. 83

Theodor Storm (1817–1888), dessen Novelle vom »Schimmelreiter« zur Weltliteratur zählt, verbrachte den größten Teil seines Lebens in Husum. Sein Geld verdiente er als Advokat und Amtsrichter, nebenbei ließ er Pole Poppenspälers Marionetten tanzen – sie tanzen heute noch.

»Der eigenen Jugendzeit gedenkend, schlendere ich im Nachmittagssonnenscheine durch die Straßen …« Theodor Storm wurde in Husum geboren, hier ist er auch begraben. Bei einem Rundgang durch die Stadt ist der Dichter auf Schritt und Tritt gegenwärtig, Informationstafeln an Häusern verweisen auf sein Leben und die Schauplätze vieler Novellen.

Zu Hause in Husum
Am Markt im **Haus Nr. 9** 4 , an der Nordseite des Platzes, wurde Theodor Storm am 14. September 1817 geboren. Er stammte aus wohlhabenden Verhältnissen: Sein Vater war Advokat, seine Mutter eine geborene Woldsen – eine angesehene Husumer Patrizierfamilie. Storms Geburtshaus war nicht das Haus, in dem er aufwuchs. Bereits ein Jahr nach seiner Geburt zog Familie Storm in die **Hohle Gasse Nr. 3** 5 , und hier verbrachte Storm seine Jugend. Schräg gegenüber, im Haus Nr. 8, befand sich das **Stammhaus der Familie Woldsen** 6 , in dem Senator Friedrich Woldsen (1725–1811), der Urgroßvater Theodor Storms, lebte. Beide Häuser sind Schauplatz der Novelle »Die Söhne des Senators«.

Mehr als nur Husum
Von 1826 bis 1835 besuchte Storm die Gelehrtenschule (Süderstr. 6) in Husum. Das **Alte Gymnasium** 1 hat ein ehemaliger Schüler zu einem Luxushotel umbauen lassen. Storm verließ die Ge-

lehrtenschule frühzeitig, die letzten Jahre schickte ihn sein Vater aufs Gymnasium nach Lübeck. Anschließend studierte er Jura in Kiel und Berlin und wurde Rechtsanwalt in Husum. Da er nicht bereit war, eine Loyalitätserklärung gegenüber der dänischen Krone abzugeben, konnte er nicht weiter als Advokat tätig sein und ging von 1853 bis 1864 ins preußische Exil.

Im Haus des Dichters

Erst nach der Niederlage der Dänen im Deutsch-Dänischen Krieg kehrte Storm in seine Heimatstadt zurück. Er wurde zum Landvogt gewählt und später zum Amtsrichter ernannt. Ein Jahr später starb seine Frau Constanze bei der Geburt des siebten Kindes. Mit den Kindern und seiner zweiten Frau zog Storm 1866 in das Haus in der Wasserreihe Nummer 31, das **Theodor-Storm-Haus** 7 (s. Foto links). Das 1730 erbaute Kaufmannshaus, in dem Storm bis 1880 lebte, ist heute die Hauptanlaufstelle für Storm-Freunde. Es ist Sitz der renommierten, 1948 gegründeten Theodor-Storm-Gesellschaft und beherbergt das Storm-Archiv, in dem Literaturforscher kostbare Werkausgaben studieren können. Die ehemaligen Wohn- und Arbeitsräume wirken, als sei der Dichter nur kurz aus dem Haus gegangen. In dem roten, original eingerichteten Poetenstübchen des Museums entstanden über 20 Novellen, darunter »Aquis submersus« und »Pole Poppenspäler« – Namensgeber für die berühmten Husumer Puppentheater-Festspiele. Eine Dauerausstellung zum Leben und Werk des Dichters präsentiert im Erdgeschoss verschiedene Storm-Objekte, darunter das silberne Tintenfass, das der Dichter bei der Abfassung der Schimmelreiter-Novelle benutzte – dem ›Nationalepos der Nordfriesen‹ ist im Obergeschoss eine eigene Ausstellung gewidmet.

Ich bin dann mal weg

1880 ging Storm in den Ruhestand, zum Erstaunen aller verließ der Dichter seine Heimatstadt und bezog 1881 seine ›Altersvilla‹ in Hademarschen (Kreis Rendsburg-Eckernförde). Warum Storm Husum den Rücken kehrte, ist nicht ganz klar. Vermutlich erhoffte er sich Inspiration zum Schreiben. In Hademarschen vollendete er den »Schimmelreiter«, sein berühmtestes Werk.

Letzte Ruhe in Husum

Storm starb am 4. Juli 1888 in Hademarschen. Seine letzte Ruhe fand er in Husum auf dem **Klosterfriedhof St. Jürgen** 8, im Grab der Familie Woldsen. Große schwere Grabplatten direkt an der Hauptstraße, nicht gerade idyllisch. Daneben liegt das sogenannte **Gasthaus zum Ritter St. Jürgen** 9 (Osterende 18), ehemals ein Armen- und Altenstift, heute ein Seniorenheim. Das Tor ist geöffnet, der Straßenlärm bleibt draußen, man entdeckt überrascht eine kleine Gartenanlage. Das Leben in diesem Haus hat Theodor Storm in seiner Novelle »St. Jürgen« beschrieben. Sehenswert ist der im Hauptbau integrierte Kirchensaal, wenn die Tür offen steht, kann man hineinschauen.

Übrigens: Die Husum-Touristik bietet ganzjährig »Entdeckungsreisen durch das Schimmelreiter-Land« an. Mit dem historischen Postbus geht es zu den Schauplätzen der Storm-Novellen. Das Programm »Weihnachten zu Gast bei Theodor Storm« gibt es zur Adventszeit, mit literarischem Stadtrundgang und Speisen »nach den Vorlieben des Dichters«. Genaue Termine bei der Touristinformation (s. S. 89).

Infos

Theodor-Storm-Haus/Museum **7**:
Wasserreihe 31, Tel. 04841 66 62 70,
www.storm-gesellschaft.de, April–Okt.
Di–Fr 10–17, Sa 11–17, So, Mo 14–
17, Nov.–März Di, Do, Sa 14–17 Uhr,
Erw. 3 €.

Tipp: In der Touristeninformation am
Rathaus (s. S. 89) erhält man die kostenlose, informative und übersichtliche
Broschüre »Kulturpfad der Stadt Husum«. In ihr sind viele Storm-Stätten
beschrieben. Falls die Touristeninformation geschlossen ist, findet man die
Broschüren in der Regel in einem re-
gengeschützten Kasten vor der Tür.

Pole Poppenspäler lebt

Pole Poppenspäler aus der gleichnamigen Storm-Novelle ist ein Symbol für
die Liebe und Leidenschaft, mit der in
Husum Figurentheater gespielt wird.
Jedes Jahr im Juli und August werden

Storm-Denkmal im Schlosspark

während der **Pole Poppenspäler
Sommerspiele** zauberhafte und
spannende Puppenspiele für Kleine
und Große aufgeführt. Im September
zieht das **Internationale Figurentheater Festival** (auch Poppenspäler
Tage genannt) international bekannte
Puppenspieler nach Husum (Infos:
www.pole-poppenspaeler.de).

Pole-Poppenspälermuseum **10**

Kongresshalle, Erichsenweg 23, Tel.
04841 632 42, www.pole-poppen
spaeler.de, Jan.–März Mo, Mi, Fr 14–
17, April–Dez. So–Fr 14–17 Uhr, 2 €.
Zu bestaunen sind einzelne Puppen,
historische und neue Requisiten und
Bühnen. Schräg gegenüber vom Schifffahrtsmuseum steht von Mai–Sept. der
Poppenspälerwagen **11** (Am Binnenhafen 1/Ecke Zingel). Wenn die Figur Vocke Popp draußen hängt, ist der
Wagen geöffnet. Wer mag, kann die
Puppen nehmen und auf der kleinen
Bühne selber etwas vorführen.

Weitere Storm-Stätten

**Haus des Urgroßvaters von
Storm** **12**: An der Ecke Twiete/
Schiffbrücke lebte Senator Joachim
Christian Feddersen (1740–1801),
Storms Urgroßvater. Das Haus (heute
ein Neubau von 1900) war Schauplatz
u. a. der Novelle »Immensee« und der
Erzählrahmen der Novelle »Der Schim-
melreiter«.

Aquis-submersus-Haus **13**: Markt/
Ecke Krämerstraße. Das Gebäude wurde 1898 abgebrochen, erhalten blie-
ben ein alter Sandstein mit Hausmarke
und ein plattdeutscher Spruch über die
Vergänglichkeit alles Irdischen, den
Storm in seiner Novelle »Aquis Submersus« verwendete.

Storm-Denkmal **14**: von Adolf Brütt
im Schlosspark (1898).

Schifffahrtsmuseum 15

*Zingel 15, Tel. 04841 5 57, www.schif
fahrtsmuseum-nf.de, tgl. 10–17 Uhr, 3 €*
Die Ausstellung informiert anschaulich
über nordfriesische Schifffahrts- und
Werftgeschichte, über Walfang und
Küstenfischerei. Ein wertvolles Exponat
ist das bei Sielarbeiten im Uelvesbüller
Deich entdeckte, in Zucker konservierte
Wrack eines Lastenseglers aus dem
späten 16. Jh. Zum Museum gehört das
kostenlos zugängliche Freigelände am
Husumer Binnenhafen und an der Zin-
gelschleuse. Zu entdecken gibt es dort
alte Schiffsmodelle, eine große Anker-
sammlung und den Leuchtturm von
Hörnum aus dem Jahr 1904.

Nationalparkhaus
und Weltladen 16

*Hafenstr. 3, Tel. 04841 66 85 30,
www.nationalparkhaus-husum.de,
tgl. 10–18 Uhr, Spende erwünscht*
Informationszentrum über den Nationalpark in bester Lage direkt am Hafenbecken. Die Ausstellung über Vögel
im Nationalpark gewährt auch einen
Blick in die arktischen Brut- und afrika-
nischen Wintergebiete. Im Weltladen
werden naturverträglich erzeugte und
fair gehandelte Produkte aus aller Welt
verkauft: Lebensmittel, Gewürze, Weine
und Kunsthandwerk.

Ostenfelder Bauernhaus 17

*Nordhusumer Str. 13, Tel. 04841 25 45,
www.museumsverbund-nordfriesland.
de, April–Okt. Di–Do 13.30–17 Uhr,
2,50 €*
Das vor 1600 erbaute, reich ausgestattete niederdeutsche Hallenhaus dokumentiert bäuerliche Wohn- und Arbeits-
kultur vergangener Jahrhunderte.

Schloss vor Husum 18

*König-Friedrich V.-Allee, Tel. 04841
897 31 30 oder 04841 25 45,*
*www.museumsverbund-nordfries
land.de, März–Okt. Di–So 11–17 Uhr,
Nov.–Feb. nur Sa, So, 5 €*
Das einzige erhaltene Schloss an der
Nordseeküste Schleswig-Holsteins wurde vom Gottorfer Herzog Adolf in den
Jahren 1577 bis 1582 als Nebenresidenz erbaut und später als Witwensitz
genutzt. Vom Glanz alter Zeiten künden
noch einige eindrucksvolle Sandsteinka-
mine mit Alabasterreliefs (17. Jh.).

Sehr hübsch ist der Herzoginnengar-
ten direkt am Schloss, zugänglich durch
das Museum (zusätzlich zu den Muse-
umsöffnungszeiten ist der Herzoginnen-
garten im Sommer von 17 bis 20 Uhr zu
besichtigen). Durch einen Wassergraben
vom Schloss getrennt ist das 1612 erbaute **Torhaus** 19 mit einem prächtigen Renaissanceportal. Wunderschön ist
der Park, wenn im Frühjahr 4 Mio. blü-
hende Wildkrokusse den Park in ein lila-
farbenes Blütenmeer verwandeln.

Schobüll

Im Husumer Stadtteil Schobüll, 4,5 km
nordwestlich gelegen, reichen Ausläufer
der eiszeitlichen Geest direkt bis an die
Nordseeküste. Das bedeutet, dass es
hier natürlichen Sandstrand gibt und
kein Deich den freien Blick übers Wattenmeer versperrt.

Das altehrwürdige **Kirchlein am
Meer,** ein frühgotischer Backsteinbau,
stammt aus der Mitte des 13. Jh. und ist
eine beliebte Hochzeitskirche (www.
kirchlein-am-meer.de).

Übernachten

Luxus – **Altes Gymnasium** 1: Süderstr. 2–10, Tel. 04841 83 30, www.
altes-gymnasium.de, DZ 195–275 €. 5-
Sterne-Komfort im alten Gymnasium
von 1866/1867. Erlebnisbad mit Sauna
und Dampfbad in der früheren Turnhal-
le. Das Restaurant Eucken serviert ge-
hobene Küche.

Üppiges Frühstück – **Hotel Hinrichsen** **2**: Süderstr. 35, Tel. 04841 890 70, www.hotel-hinrichsen.de, DZ 89 €. Nettes, gepflegtes Haus mit Zimmern und Apartments in einer kleinen Seitenstraße mitten in der Stadt.

Etwas außerhalb – **Jugendherberge und -gästehaus** **3**: Schobüller Str. 34, Tel. 04841 27 14, www.jugendherberge.de, Übernachtung ab 19,10 €. Freundlich geführtes Haus mit 192 Betten in 1- bis 8-Bett-Zimmern, an der Straße Richtung Schobüll und Nordstrand.

Essen und Trinken

Entlang der Hafenstraße – Am alten Binnenhafen gibt es nette Cafés und Fischrestaurants. Stilvoll und behaglich sind sowohl das **Schlosscafé** **1** im **Schlosshof** (Di–Fr 9–18, Sa, So 10–18, in der Saison bis 20 Uhr) als auch das **Café Brütt** **2** im **NordseeMuseum Husum im Nissenhaus** (in der Saison tgl. 10–17 Uhr, im Winter Di–So, mit Kinderspielplatz).

Der älteste Gasthof von Husum – **Dragseth's Gasthof** **3**: Zingel 11 (in der Nähe des Schifffahrtsmuseums), Tel. 04841 77 99 95, www.dragseths-gasthof.de, tgl. 11–14, 17–22 Uhr, Hauptgerichte 10–20 €, tgl. wechselnder Mittagstisch 5,50 €. Urig und gemütlich sind die niedrigen Gaststuben, dazu gibt es eine exzellente norddeutsche Küche zum Sattwerden, im Sommer sitzt man hinten im Garten.

Rustikal – **Historischer Braukeller** **4**: Schlossgang 7, Tel. 04841 49 56. Im Gewölbekeller gibt es leckere Pizzen, aber auch Pfannkuchen und Vegetarisches, günstiger Mittagstisch, gutes Preis-Leistungs-Verhältnis.

Ein Ort zum Wohlfühlen – **Jacqueline's Café** **5**: Schlossgang 10, Tel. 04841 55 53, Mo–Sa 9–18.30, So 10–18.30 Uhr. Frühstück, Mittagstisch und selbst gebackene Kuchen im hübschen, mit alten Möbeln eingerichteten Café in der Fußgängerzone.

Einkaufen

Regionales – **Wochenmarkt** **1**: Do vormittags, in der Saison auch Sa.

Fairgnügt – **Weltladen:** s. **Nationalparkhaus** **2** S. 87

Besondere Bummelmeile – **Neustadt** **3**: In dieser Straße, vor allem im zentrumsnahen Abschnitt (Fußgängerzone), macht es Spaß, auf Entdeckungstour zu gehen, weil es hier ganz individuelle Läden gibt: von Naturtextilien über Antiquitäten bis zu Tee und ausgefallener Mode. Kleine, italienische Köstlichkeiten werden im **Cava** in der Nr. 18 serviert.

Für Weihnachtsfans – **Das Weihnachtshaus** **4**: Westerende 46, Tel. 04841 668 59 08, www.weihnachtshaus.info, Mitte Jan.–Ende März tgl. 14–17, April–Mitte Jan. 11–17 Uhr, Café, Museum (Erw. 2,50 €, Kinder 1 €) und Shop zum Thema Weihnachten.

Eine Fundgrube – **Husumer Antiquariat** **5**: Wasserreihe 48 (schräg gegenüber vom Storm-Haus), Tel. 04841 811 99, Mo–Sa 11–18 Uhr). Bücherregale bis an die Decke, Hunderte von Blechschildern und alte Werbekunst, nostalgische Glanzbilder, venezianisches Geschenkpapier.

Bilder und Erstausgaben – **Galerie Lüth** **6**: Altendorfer Str. 21, Halebüll/Schobüll, Tel. 04846 456, www.galerielueth.de, Mi–So 10–18 Uhr. Bis zu zehn Ausstellungen pro Jahr mit aktuellen Arbeiten zeitgenössischer Künstler aus Schleswig-Holstein.

Ausgehen

Am Hafen gibt es einige Pubs, in denen man auch tagsüber gut sitzen und speisen kann. Beliebter Treff am Abend ist der **Historische Braukeller** **4**.

Gar nicht so grau, wie es Theodor Storm beschrieb – Husum am Hafen

Selbstgebrautes – **Husums Brauhaus** 1: Neustadt 60–68, Tel. 04841 896 60, www.husums-brauhaus.de, im Sommer tgl. ab 15, im Winter Mo–Sa ab 17 Uhr. Hier wird eigenes Bier gebraut und hungern muss man auch nicht (Speisen 10–20 €, auch Burger und Pizza).

Kulturzentrum – **Speicher** 2: Hafenstr. 17, Tel. 04841 650 00, www.speicher-husum.de. Konzerte, Lesungen, Theater, Ausstellungen, Filme, Flohmärkte.

Filme – **Kino-Center** 3: Neustadt 114, Tel. 04841 617 42 und 25 69, www.kino-center-husum.de. Im Kino-Center werden auch die renommierten Husumer Filmtage veranstaltet (s. S. 90).

Sport und Aktivitäten

Im Meer – Offizielle Badestellen mit grünem Strand befinden sich am **Husum-Dockkoog** 1, 3 km vom Ortszentrum, und in Schobüll, hier kann man auch gut surfen, **Surfschule** 2, Tel. 04841 631 03.

Drinnen – **HusumBad** 3: Flensburger Chaussee 28, Tel. 04841 899 71 55, www.husumbad.de, Hallenbad mit Sauna, Bistro.

Geführte Touren – **Stadtrundgang:** Mitte März–Mitte Okt. Mo–Sa 14.30 Uhr, Dauer ca. 1,5 Std., in der Saison mehrmals pro Woche kombiniert mit einer Stadtrundfahrt im historischen Postbus, Dauer 2,5 Std., Treffpunkt: Touristeninfo am Markt.

Infos und Termine

Touristeninformation Husum/Husumer Bucht: im Historischen Rathaus, Großstr. 27, 25813 Husum, Tel. 04841 898 70, www.husum-tourismus.de.

Bahn: Husum ist IC-Station der Strecke Hamburg–Westerland sowie Station der Bahnlinie der Nord-Ostsee-Bahn Kiel–St. Peter-Ording.

Pole Poppenspäler Sommerspiele/ Internationales Figurentheater Festival: s. S. 86.

Husumer Hafentage: an vier Tagen im Aug. Mit viel Musik, Kutterkorso und

Unterhaltungsprogramm für Groß und Klein.

Raritäten der Klaviermusik: Aug., s. S. 19.

Husumer Filmtage: Sept./Okt. Filmschau ohne Wettbewerbscharakter mit jährlich wechselndem Schwerpunktthema, Info: Tel. 04841 835 90, www.husumer-filmtage.de.

Husumer Krabbentage: Wochenende im Okt. Ein Volksfest am Hafen rund um Krabbe und Fisch

European Minority Filmfestival: drei Tage im Nov., s. S. 19.

Nordstrand ► E 4/5

Saftige Weiden, goldene Raps- und wogende Getreidefelder prägen das Bild der von ehemaligen Seedeichen durchzogenen Landschaft. Im Vorland und auf den Deichen weiden Tausende von Schafen. Durch den Bau des 3 km langen Straßendamms zum Festland ist Nordstrand (ca. 2300 Einw.) seit 1935 mit dem Festland verbunden. Eine bemerkenswerte Skulpturengruppe grüßt schon von weitem die Ankommenden: **Sieben Flaggen** erheben sich dort, wo der Damm auf die Insel trifft. Ihre Zahl erinnert an die sieben Köge, die die Nordstrander nach den großen Mandränken der Nordsee wieder abrangen.

Süden, Nordstrands eigentliches Zentrum, ist einer seiner hübschesten Flecken. Hier findet man zwei der drei dicht zusammenliegenden Nordstrander Kirchen. Im Westen liegt **Strucklahnungshörn,** Heimathafen der Nordstrander Krabbenkutter. Von hier fahren die Fähren nach Pellworm und die Ausflugsdampfer zu den Halligen ab.

Nordstrands Kirchen

Die altkatholische, 1662 gebaute Kirche **St. Theresia** (www.inseldom.de) –

ein lang gestrecktes reetgedecktes Friesenhaus in Süden – ist die ursprüngliche Pfarrkirche der flämischen und niederländischen Katholiken, die sich Mitte des 17. Jh. auf Nordstrand niederließen. Die römisch-katholische Kirche **St. Knud** (www.st-knud-nordstrand.de) wurde 1866 auf der Deichwarft Süden errichtet. Die Kirche von Odenbüll hat als eine der wenigen die Sturmflut von 1634 überstanden.

Vogelkoje

Mitten im platten Land ein windschiefes kleines Wäldchen: Die 1905 angelegte Vogelkoje wurde bis 1935 zum Fang von Enten genutzt (im Alten Koog, Besichtigung nur im Rahmen von Führungen, Termine im Veranstaltungkalender). Unweit der Vogelkoje starten die Wattquerungen zur Hallig **Südfall,** `direkt 11 ►` S. 91.

Übernachten, Essen

Gepflegte Gastlichkeit – **Hotel Am Heverstrom:** Heverweg 14, Süderhafen, Tel. 04842 80 00, www.am-heverstrom.de, DZ ab 82 €. Die Zimmer im Obergeschoss haben Panoramablick über das Deichvorland und das Meer. Café-Restaurant mit schöner Sonnenterrasse.

Unter Reet – **Püttenwarft:** Püttenweg 4, Tel. 04841 49 52, www.puettenwarft-nordstrand.de, DZ 68 €, Ferienwohnung 70 €. Zimmer und Ferienwohnungen. Schön ist die Lage gleich hinter dem Seedeich, südlich von Fuhlehörn. Zum Wasser sind es nur rund 150 m.

Essen und Trinken

Traumhafte Sonnenuntergänge – **Café-Restaurant Zur Nordsee:** Norderhafen 20, Tel. 04842 256, Hauptgerichte ab 10 €. Schöne Lage am Deich mit Sonnenterrasse zum Meer. Kaffee

Karte: ▶ D 5 | **Planung:** ca. 3,5 Std., davon 1 Std. Hinfahrt, 1,5 Std. Halligaufenthalt, 1 Std. Rückfahrt.; eine Wattwanderung ist nur mit Führer möglich

Mit der Kutsche gelangt man über das Watt zur Hallig Südfall. Bis zur ›Groten Mandränke‹ im Jahr 1362 lag im Bereich der heutigen Hallig noch die Edomsharde mit dem sagenumwobenen Rungholt, das von den Fluten verschlungen wurde.

Jetzt fahrn wir über See …

In der sanft geschwungenen Bucht **Fuhlehörn** 1 im Westen Nordstrands sammeln sich die Südfall-Fahrer. Die beliebte Nordstrander Badebucht ist jetzt vergleichsweise leer, es herrscht Ebbe – na klar, sonst könnte man kaum über den Meeresboden kutschieren. Die Tatsache, auf dem Meeresgrund zu fahren, ist schon aufregend genug. Dass es sich dabei um untergegangenes Land und das sagenhafte Rungholt handelt, macht den Ausflug noch spannender, auch wenn darüber während der Fahrt kaum ein Wort fällt. Der Kutscher beantwortet Fragen, hält aber keine eloquenten Vorträge über das versunkene Land.

Sagenhaftes Rungholt

»Heute bin ich über Rungholt gefahren, die Stadt ging unter vor sechshundert Jahren.« – Detlef von Liliencron beschreibt in seiner Ballade »Trutz, Blanke Hans« (1883) den Untergang der einstmals blühenden ›Hafenmetropole‹. Der Dichter hat sich bei seiner Zeitrechnung um 100 Jahre vertan. Denn Teile der Edomsharde zwischen Pellworm und Nordstrand versanken mit sieben Orten – darunter auch dem legendären Rungholt – erst im Januar 1362 bei der verheerenden Sturmflut, die auch ›De Grote Mandränke‹ genannt wird.

Der Untergang des Handelsorts Rungholt beschäftigte die Fantasie der Menschen und die Rungholt-Sage entstand. Sie deutete die Katastrophe als göttliches Strafgericht für lasterhaftes

Leben. Aus der kleinen Streusiedlung am Heverstrom, die durch Viehhandel und Salzgewinnung zu Wohlstand gekommen war, wurde im Laufe der Zeit in der Vorstellung der Küstenbewohner eine märchenhafte, von Gold und Silber überfließende Stadt: »Rungholt ist reich und wird immer reicher, kein Korn mehr fasst selbst der größeste Speicher. Wie zur Blütezeit im Alten Rom …«. Die Schilderung Detlef von Liliencrons ging an der Realität weit vorbei. Kein Wunder, denn Rungholts Geschichte lag lange im Verborgenen: Durch regelmäßige Überflutungen und Schlickablagerungen war im Verlauf der Jahrhunderte nach der großen Sturmflut auf dem verwüsteten Land eine Hallig emporgewachsen. Schließlich wusste niemand mehr, wo überhaupt Rungholt gelegen hatte.

Suche nach Rungholt

Das Geheimnis wurde erst spät gelöst: Wie an allen anderen bis Ende des 19./Anfang des 20. Jh. unbefestigten Halligen nagte der Blanke Hans auch an Südfall, Sturmfluten rissen nach und nach viel Land ins Meer. Durch den steten Uferabbruch kamen ab Ende des 19. Jh. nach und nach immer mehr Siedlungsreste zum Vorschein, auf die der Nordstrander Landwirt Andreas Busch aufmerksam wurde. Von 1921 bis zu seinem Tod im Jahr 1972 fand er im Watt westlich von Südfall umfangreiche Kulturspuren, darunter zahlreiche Deiche, Warften, zwei Schleusen, einen Hafen, mit großer Wahrscheinlichkeit auch die Reste einer Kirchwarft mit Friedhof. Der märchenhafte Reichtum Rungholts wurde durch die Funde nicht bestätigt, man entdeckte keine mit Gold und Silber gefüllten Schatztruhen. Das ins 13. und 14. Jh. datierte Fundgut bestand überwiegend aus Tongefäßen, Keramikscherben, vielen Tierknochen, wenigen Waffen und Metallgefäßen. Busch schloss aus seinen Untersuchungsergebnissen, dass »man von ganz primitiven örtlichen Verhältnissen auszugehen hat. Wir müssen uns von jeder Schwärmerei grundsätzlich frei machen«. Die Rungholter lebten nicht in einer ›Stadt‹, sondern, wie auch heute noch in der Marsch üblich, auf verstreuten Warften.

Kaffee und Kuchen für die Besucher

Die Pferde zockeln los. Wer beeindruckende Reste der Siedlung im Watt von Südfall erwartet, wird enttäuscht. Der Heverstrom, zu Rungholt-Zeiten ein schmaler Priel, hat sich seither tief durch das Gebiet gegraben und Spuren abgetragen. Gänzlich unerforschte Teile Rungholts ruhen noch unter der Hallig selbst, die sich – seit sie in den 1930er-Jahren mit einer Steinkante befestigt wurde – vom Blanken Hans keine Geheimnisse mehr entreißen lässt.

Südfall 2 gehört heute zum Nationalpark. Seit 1957 steht die Hallig wegen ihrer Bedeutung für Brut- und Zugvögel unter Naturschutz und darf nur im Rahmen genehmigter Führungen besucht werden. Südfall wird im Sommerhalbjahr von einer jungen Familie bewohnt, die sich um das Eiland kümmert – als Küstenschützer, Vogelwart

Übrigens: Bis zu 50 Mal im Jahr heißt es »Land unter« auf Südfall, dann brandet das Wasser bis zur Türschwelle des einzigen Hauses auf der Warft. Das ist keine Katastrophe – im Gegenteil: Durch die Überflutung setzen sich Schlick und Sand ab und erhöhen die Hallig nach und nach. Auf diese Weise wächst das Eiland mit dem Meeresspiegel etwa 1 bis 1,5 cm pro Jahr.

Mit der Kutsche auf der Suche nach dem sagenhaften Rungholt …

und Gästeführer. Die Halligwartin empfängt die Gäste auf der Warft. Sie selbst ist auf Nordstrandischmoor groß geworden.

Sie erzählt von dem Leben auf der Hallig und vor oder nach ihrem Vortrag kann man die Warft erkunden. Nur wenige Minuten dauert die Umrundung: ein hübsches Halliggehöft, ein Stallgebäude mit kleinem Infozentrum und Kiosk, ein Fething (Süßwasserteich) und eine Sandkiste: Die gehört den Halligkindern, darf aber von Besuchern genutzt werden. Die Pferdekutscher geben das Zeichen zum Aufbruch, die Halligwartin winkt zum Abschied und sie wirkt irgendwie erleichtert. Für eine Weile kehrt Ruhe ein – abgesehen natürlich vom Blöken der Schafe und dem aufgeregten Rufen der Möwen und Austernfischer, die die Kutschen noch eine Weile begleiten.

Infos

Kutschfahrt zur Hallig Südfall: ab Fuhlehörn fahren die Kutschen im Sommer fast tgl. nach Südfall. Die Termine sind tideabhängig und im Veranstaltungkalender zu finden. Auskunft und Anmeldung bei Andresen, Tel. 04842 300 (zwischen 8 und 12 Uhr), Teilnehmerzahl mindestens 15–20, maximal 50 Pers., Erw. 13,50 €, Kinder bis 12 Jahren 8 €.

Wattwanderung zur Hallig Südfall: ab Fuhlehörn, Termine im Veranstaltungskalender. Wattführer sind: Ehepaar Kluge, Westen 73, Tel. 04842 90 30 93; Regine Brauer, Westen 35, Tel. 04842 83 60; Schutzstation Wattenmeer, Tel. 04842 519, www.schutz station-wattenmeer.de.
Leibliches Wohl: Auf der Hallig gibt es Kaffee und Kuchen, Bier und Würstchen.

und Kuchen, bodenständige nordfriesische Küche.

Typisch nordfriesisch – **Op de Diek:** Hörnstr. 1, Strucklahnungshörn, Tel. 048 42 10 55, Hauptgerichte ab 9 €. Ausblick auf die Nordsee und den Hafen. Krabben, Scholle, Matjes, aber auch leckere Fleischgerichte, keineswegs nur für Touristen.

Traditionsreich – **Der Pharisäer-Hof:** s. S. 17.

Einkaufen

Für jeden etwas – **Bauernmarkt auf dem Pharisäer-Hof:** Elisabeth-Sophien-Koog 3, Tel. 04842 353, Di–Sa 9–12, Di 14–18.30, So 14–18 Uhr. Kunsthandwerk, nordfriesische Spezialiäten, selbst gemachte Marmeladen, Liköre und Schnäpse zum Verschenken oder Genießen.

Schönes für den Alltag – **Südhafen Töpferei:** Tegelistraat 22, Tel. 04842 587, Mo–Sa 12–18, So 14–18 Uhr. Wunderbare Keramik, Motive und Farben passend zum Urlaub am Meer. Fündig wird man auch in der Ladenwerkstatt, England 12, Mo–Fr 9–12 Uhr, unbedingt mal reingucken.

Feines Kunstgewerbe – **Nordstrander Töpferei** und **Galerie Lat di Tied:** Süden 44/46, Tel. 04842 400, www.nordstrander-toepferei.de, tgl. 10–18 Uhr. Vorbild für die Formen der Gebrauchskeramik sind Funde aus dem Watt, neu sind der grau-blaue Farbton und die handgemalten Nordseemotive. In der angeschlossenen Galerie gibt es Bilder, Silberschmuck, Skulpturen, Glas und Ausstellungen von Künstlern aus der Region.

Vielseitig – **Dat Preesterhus:** Süden 1, Tel. 04842 90 33 08, tgl. 10–18 Uhr. Kunst, Café, Kreatives, Blumen. In den Räumlichkeiten des alten Pfarrhauses findet man außer einem gemütlichen Café mit Sitzgelegenheit im Garten auch Geschenke, Schmuck, Kunst, Holzarbeiten und Blumen.

Alles rund ums Schaf – **Schäferei Baumbach:** Pohnshalligkoog 1, Tel. 04842 495, www.lammfleisch.de, in der Saison Mo–Sa 8–18, So 10.30–18 Uhr. Im Hofladen wird neben Lammspezialitäten auch das Fleisch von Galoways angeboten. Im Speicher findet man Nützliches und Schönes rund ums Schaf – aus Fell, Filz, Wolle, Keramik, Plüsch und Seife.

Sport und Aktivitäten

Grün und weiß – Rund um Nordstrand liegen die überwiegend grünen Badestrände. Die beliebtesten Badebuchten sind **Fuhlehörn** und **Holmer Siel,** letztere hat als einzige einen Sandstrand.

Bei Wind und Wetter – **Nordstrander Schwimmbad:** Am Kurhaus 27, Tel. 04842 466, aktuelle Öffnungszeiten im Veranstaltungskalender, im Juli, Aug. Mo–Fr 10–18, Sa, So 9–17 Uhr, Eintritt mit Kurkarte 3,50 €.

Informativ – **Schutzstation Wattenmeer:** Am Kurhaus 27, Tel. 04842 519, www.schutzstation-wattenmeer.de, Mo–Sa 10–18, So 14–18 Uhr, Eintritt frei. Informationszentrum im Gebäude des Schwimmbads, viele Veranstaltungen und Exkursionen.

Schiffsausflüge – **Adler-Schiffe:** Tel. 04842 900 00, www.adler-schiffe.de. Ab Strucklahnungshörn geht es zu den Inseln Amrum und Sylt sowie zu den Halligen Hooge, Gröde und Nordstrandischmoor. Teilweise werden die Schiffsausflüge mit einer Wattwanderung kombiniert. Die Programme liegen überall aus.

Infos und Termine

Kurverwaltung Nordstrand/Zimmervermittlung: Schulweg 4, 25845 Nordstrand, Tel. 04842 194 33 und

454, www.nordstrand.de, Sa, So Zimmervermittlung im Schwimmbad.

Bahn und Bus: vom IC-Bahnhof Husum 8–10 x tgl. Busanschluss bis nach Strucklahnungshörn, von dort Autofähre nach Pellworm.

Nordsee-Skating: auch Familienskating, jeden So nach Himmelfahrt; Strecke ca. 18 km. Start/Ziel beim Holmer Siel, Auskunft: Kurverwaltung oder www.nordfriesland-skating.de.

In der Umgebung von Nordstrand

Nordstrandischmoor (▶ E 4): Von Lüttmoor-Siel führt ein Schienendamm zur Hallig (die Loren sind kein öffentliches Verkehrsmittel). In der Saison werden mit einer Schiffs- oder Radtour kombinierte Wattwanderungen zur Hallig angeboten. Das auch Lütt-Moor genannte Eiland ist ein Überrest der untergegangenen Insel Alt-Nordstrand. Vier Warften sind bewohnt, beliebter Treffpunkt ist der **Halligkrug.** Eine Besonderheit ist der Inselfriedhof – die Grabsteine aus Carrara-Marmor liegen hier flach auf dem Boden, damit die Sturmfluten sie nicht mitreißen können.

Wattwanderungen nach Nordstrandischmoor bieten die Schutzstation Wattenmeer, Tel. 04842 519 sowie Elfriede Wulff, Tel. 04671 67 99, www.wattführungen-nordfriesland.de und Adler-Schiffe an (s. S. 94); Dauer mit Halligaufenthalt 4–5 Std.

Pellworm (▶ D 4/5): Liebenswerte Ruhe strahlt die Marscheninsel aus. Auf den Deichen weiden Schafe, auf saftigen Weiden schwarz-weiße Kühe, auf den Äckern stehen Weizen, Hafer, Gerste, Roggen und Raps. Nach Ankunft der Fähre geht es mit dem Bus vom Tiefwasseranleger nach **Tammensiel,** dem Zentrum der Insel mit dem sehenswerten Inselmuseum (im Gebäude der Kurverwaltung, in der Saison tgl. geöffnet).

Vom alten Hafen in Tammensiel bietet sich eine Umrundung der Insel mit dem **Rad** an – immer am Deich entlang (der asphaltierte ›Katastrophenweg‹ vor dem Deich ist auch gut für Skater geeignet). Sehr nützlich ist die kostenlose Broschüre »Pellworm per Rad erkunden« erhältlich bei der Kurverwaltung, am Fähranleger und bei den Fahrradvermietern.

Gleich hinterm Deich im Süden der Insel erhebt sich der **Leuchtturm** (Karten für eine Führung gibt es nur in der Kurverwaltung). Gen Westen passiert man **Westerschütting.** Ein Schild weist zum **Rungholtmuseum Bahnsen,** und der Abstecher lohnt: Funde aus dem Wattenmeer zeigen Relikte des in den Sturmfluten versunkenen Kulturlandes um Pellworm (unregelmäßige Öffnungszeiten, am besten vorher in der Kurverwaltung erfragen oder unter www.pellworm.de).

Im Westen der Insel gleich hinter dem Deich erhebt sich das Wahrzeichen Pellworms: die alte Kirche **St. Salvator** mit der mächtigen Turmruine aus dem 12. Jh. Das Kirchenschiff birgt eine Fülle von Schätzen, u. a. die 1711 von dem berühmten Meister Arp Schnitger erbaute, von 1987 bis 1989 restaurierte Orgel – die einzige seiner Arbeiten, die in Schleswig-Holstein erhalten blieb (im Sommer regelmäßig Orgelkonzerte). Die im 18. Jh. erbaute **Nordermühle** im Norden Pellworms beherbergt schöne Ferienwohnungen. Wer am Ende der Tour einkehren möchte: Wunderbar sitzt man im Turm des Cafés **Am Fähranleger,** wo man einen einzigartigen Blick über Pellworm und das Wattenmeer genießt und ohne Stress auf die Fähre warten kann.

Vom Beltringharder Koog zur Hamburger Hallig: direkt 12▶ S. 96

12 | Im Vogelparadies – mit dem Rad zur Hamburger Hallig

Karte: ▶ E 4 | **Planung:** Tagestour; Holmer Siel–Lüttmoorsiel 4 km, Lüttmoorsiel–Hamburger Hallig 11 km

Der Badestrand in Lüttmoorsiel **1** ist ein idealer Ausgangspunkt für eine Radtour. Vom grünen Deich schweift der Blick über das Wattenmeer zur Hallig Nordstrandischmoor **2**, die über einen Lorendamm mit Nordstrand verbunden ist. Ein paar Warften am Horizont, manchmal zuckelt eine Diesellore hinüber. Doch die Loren sind kein öffentliches Verkehrsmittel, man kann hinüberwandern – ein anderes Mal.

Vögel ganz entspannt

Auf dem Deichdamm, der den **Beltringharder Koog** **3** vom Meer trennt, geht es von Lüttmoorsiel gen Norden. Wasser und Vögel zu beiden Seiten: Seit über 20 Jahren darf sich hier die Natur frei entfalten. Die Übergänge von Land zu Wasser sind fließend. Wat- und Wasservögel staksen durch die Salzwiesen und Schilfgürtel, auf den Feuchtwiesen sieht man Gänse in großen Scharen, tief im Schilf ist manchmal sogar das seltene Blaukehlchen zu entdecken.

Land aus dem Meer

Koog bedeutet durch Deichbau und Entwässerung aus dem Meer gewonnenes flaches Marschland. Der Name ›Beltringharde‹ erinnert an den historischen Verwaltungsbezirk, der hier lag, bevor er in den verheerenden Sturmfluten von 1362 und 1634 weitgehend zerstört wurde.

Über Jahrhunderte holten sich die Küstenbewohner unter unendlichen Mühen das Land zurück, welches das Meer ihnen geraubt hatte. Künstliche Dämme und Lahnungen, doppelte Holzpflockreihen mit dazwischen geflochtenem Buschwerk, förderten die Verlandung. Sobald sich Queller und Andelrasen ansiedelten, konnte das neu gewonnene Land als Weide benutzt und später eingedeicht werden.

Die Eindeichung der Nordstrander Bucht sollte nicht – wie anfänglich noch geplant und jahrhundertelang üblich – der Landgewinnung dienen, sondern vor allem dem Küstenschutz und der Entwässerung der rückliegenden Flächen. Im Juli 1987 schoben Bagger und Raupenschlepper bei Ebbe den letzten großen Priel zu und trennten damit das hinter dem Deich liegende Gebiet von Ebbe und Flut. Die Aktion stank bereits nach wenigen Tagen buchstäblich zum Himmel, denn 500 ha Watt trockneten aus, die Tiere, vom Wattwurm bis zu Krabben und Fischen, verendeten. Mit der Eindeichung der Nordstrander Bucht gingen bedeutende Anteile der Salzwiesen und Schlickwattflächen des Nordfriesischen Wattenmeeres endgültig verloren.

Naturschutz hat Vorrang

Jahrzehntelang war die gigantische Baumaßnahme von Naturschützern bekämpft worden. Ihrem Einsatz ist es zu verdanken, dass am Ende statt der ursprünglich geplanten 5680 nur 3340 ha Vorland und Watt eingedeicht wurden. Auf die Eindeichung der Hamburger Hallig wurde verzichtet, die landwirtschaftliche Nutzung stark eingeschränkt und weite Bereiche des neuen Koogs unter Naturschutz gestellt.

Der Beltringharder Koog entwickelte sich schnell zu einem Vogelparadies. Er ist heute das größte Naturschutzgebiet Schleswig-Holsteins und umfasst 860 ha Salzwasserlagune, 400 ha Feuchtgrünland, 1040 ha Sukzessionsfläche mit ausgedehnten Schilf- und Weidendickichten, 590 ha Speicherbecken sowie zwei größere Seen. Eine ausgeschilderte Radroute führt durch den Beltringharder Koog (s. u.), unser Ziel aber ist die **Hamburger Hallig** mit einer dramatischen Geschichte und einem der nettesten Badeplätze an der Westküste.

Grüne Dächer im Koog

Man kann sich kaum verfahren. Es geht immer am Deich entlang, das Wattenmeer bzw. das grüne Vorland zur Linken, der wasserreiche Beltringharder Koog bzw. die sich anschließenden landwirtschaftlich geprägten Reußenköge zur Rechten. Zu den Reußenkögen gehört der **Sönke Nissen Koog** 4, der zwischen 1924 und 1926 am Damm zur Hamburger Hallig entstand, er war der letzte Koog, der – auf Initiative lokaler Landwirte – mit privaten Mitteln eingedeicht wurde. Wichtigster Geldgeber war Sönke Nissen, ein Nordfriese aus bescheidenen Verhältnissen, der in Deutsch-Südwestafrika als Ingenieur beim Eisenbahnbau und als Besitzer von Diamantminen ein riesiges Vermögen erworben hatte. 28 Höfe wurden nach den Entwürfen des Kieler Architekten Heinrich Stav gebaut. Sie sind zwar unterschiedlich groß, haben aber alle einen ähnlichen Grundriss, weiße Außenwände und grüne Dächer.

Die sieben Höfe, die als Ausgleich für Nissens finanziellen Einsatz Eigentum der Familie Nissen wurden, tragen Namen von Städten, die an Sönke Nissens Eisenbahnlinie lagen, z. B. Keetmannshoop, Elisabethbay, Kolmannskuppe und Lüderitzbucht. 24 der Höfe wurden 2005 unter Denkmalschutz gestellt.

Der Radweg am Deich streift den Sönke-Nissen-Koog am westlichen Rand. Der nächste Stopp ist das **Amsinck-Haus** 5 am Deichübergang zur Hamburger Hallig, ein hervorragend ausgestattetes Informations- und Servicezentrum, dort gibt es auch einen Fahrradverleih als Selbstbedienung und Wohnmobilstellplätze. Über den Deich und weites Vorland geht es zur Hallig.

Schafe und Vögel

Sie trägt zwar den Titel Hallig im Namen, ist aber eigentlich schon lange keine mehr. Durch den 1875 vom Festland zur Hallig gebauten Damm, zu dessen beiden Seiten das Wattenmeer verlandete, hat sich die Hallig zu einer Halbinsel entwickelt. Das heute etwa 110 ha große Eiland war einst ein Teil von Alt-Nordstrand. Trotz großer Anstrengungen der Hamburger Brüder Amsinck, nach der verheerenden Sturmflut von 1634 die Deiche neu aufzubauen, ging der Deichschutz nach und nach verloren. Seit 1878 ist die Hallig im Besitz des Staates. Das als Rastplatz und Nahrungsstätte für Seevögel bedeutende Natur- und Vogelschutzgebiet wird seit vielen Jahrzehnten ehrenamtlich vom Naturschutzbund Deutschland betreut. Bereits 1930 war die Hallig zum Schutz der Säbelschnäbler als Naturschutzgebiet ausgewiesen worden.

Während der Zugzeit im Frühjahr und Herbst halten sich hier Zehntausende

Mähen auch hier den Rasen – Schafe auf der Hamburger Hallig

von Weißwangengänsen auf. Ein einspuriger Plattenweg (mit Ausweichstellen) führt ans Westende der Hallig, den Autoverkehr regelt eine gebührenpflichtige Schranke, der Weg für die Radfahrer und Fußgänger läuft nebenher. 2 km weiter westlich, etwa auf der Hälfte der Strecke, passiert man den **Schafberg** **6** mit dem Claus-Jügen Reitmann-Haus. Zeitweise wird es von ehrenamtlichen NABU-Naturschutzwarten bewohnt. Sie antworten bereitwillig auf Fragen und lassen Gäste einen Blick durchs Fernglas werfen.

Am Ende der Hallig lockt das gemütliche Ausflugslokal namens **Halligkrog** **1** (www.hallig-krog.de, April–

Übrigens: Hinter der Hauptwarft mit dem Halligkrog führt ein Grasweg an den grünen **Badestrand** **1**, der sich auch unter Einheimischen größter Beliebtheit erfreut. Es gibt Duschen und ausreichend Platz zum Ausruhen und Spielen auf naturbelassenen Salzwiesen. Das Baden ist 2–3 Std. vor und nach Hochwasser möglich, bei Hochwasser ist es allerdings nur für Schwimmer geeignet.

Okt. tgl. 11–18 Uhr, bei Land unter bzw. drohendem Land unter geschl., Hinweis an der Schranke).

Infos
Tourbeginn: Lüttmoorsiel **1** – wer nur die Hamburger Hallig erkunden möchte, startet am Amsinck-Haus. **Amsinck-Haus** **5**: Sönke-Nissen-Koog 36 a, Reußenköge, Tel. 04671 92 71 54, www.amsinck-haus.de, April–Okt. tgl. 10–18 Uhr.

Naturschutzstation im Beltringharder Koog
Die Bedeutung des Beltringharder Koogs als Rast-, Brut- und Nahrungsgebiet für viele See-, Schilf- und Wiesenvögel dokumentiert die **Naturschutzstation Arlau Schöpfwerk** **7**, deren Mitarbeiter auch Watt-, Vogel- und Koogexkursionen anbieten, Info: Hattstedtermarsch 42, Tel. 04846 519, www.beltringharder-koog.de, April–Sept. So 13–16 Uhr.

Kurze Tour mit Kindern
Eine Radwanderung zwischen Lüttmoorsiel und **Holmer Siel** **8** bietet allerschönste Natur zwischen Wattenmeer und der Lagune des Beltringharder Koogs. Man kann vor bzw. hinter

dem Deich fahren. Die familientaugliche Radtour dauert hin und zurück etwa eine Stunde (insgesamt 8 km). Jeweils am Start und am Ziel gibt es einen Badestrand sowie eine Cafeteria mit Kiosk und Toiletten sowie kostenfreie Parkplätze.

Beltringharder Route
Eine 23 km lange, ausgeschilderte Fahrradtour führt von Lüttmoorsiel auf dem Deich entlang gen Norden, dann in einem Bogen gen Süden durch die Reußenköge, den Cecilien- und Desmercierskoog zur **Naturschutzstation Arlau** **7** am nördlichen Rand der Hattstedter Marsch. Von hier folgt man dem grünen ›Schlafdeich‹ (einem Deich in zweiter Reihe) Richtung Norden. Ein **Aussichtsturm** **9** bietet einen wunderbaren Weitblick über den Beltringharder Koog, die Arlauniederung und die angrenzenden Köge bis zur Geest. Über den Autodamm geht es mitten durch den Beltringharder Koog zurück nach Lüttmoorsiel. Info-Faltblätter liegen u. a. im Amsinck-Haus aus.

Bredstedt (Bräist) ▶ E 4

Der beschauliche Ort (5000 Einw.) wurde erst 1900 zur Stadt ernannt. Die »heimliche Hauptstadt Nordfrieslands«, wie sie sich selbst bezeichnet, heißt auf Friesisch Bräist und ist das Zentrum der Friesenforschung (s. S. 23). Hübsch ist der dreieckige Marktplatz mit Rathaus, vielen kleinen Geschäften und der alten Apotheke von 1611. Auf deren ehrwürdiges Alter verweisen nach einer vollständigen Modernisierung im Jahr 1971 nur noch die Granitstelen von 1626, die den Eingang schmücken. Unweit des Marktes erhebt sich die St.-Nicolai-Kirche, deren älteste Teile aus dem 15. Jh. stammen.

Naturzentrum Bredstedt

Bahnhofstr. 23, Tel. 04671 45 55, www.Naturzentrum-nf.de, Mai–Okt. Mo–Sa 10–17 Uhr
Ausstellung zur nordfriesischen Landes- und Naturkunde mit naturgetreuen Darstellungen der verschiedenen Landschaftsformen Wald, Wattenmeer, Moor, Heide und Halligen. Viele Veranstaltungen für Kinder: u. a. Wattführungen, Forschen im hauseigenen Umweltlabor, Bernsteinschleifen.

Übernachten

Familiengeführt – **Hotel und Restaurant Ulmenhof:** Tondernsche Str. 4, Tel. 04671 918 10, www.ulmenhof.de, DZ ab 75 €. Stilvoll wohnen und essen in einer Jugendstilvilla von 1903.

Essen und Trinken

Überregional bekannt – **Andresens Gasthof:** Dörpstraat 63 (an der B 5), West-Bargum, Tel. 04672 10 98, www.andresensgasthof.de, Mi–So 18–21, Fr–So 12–13.30 Uhr, ab 16 €. Ausgezeichnete Küche.

Ausgehen

Mehr als nur Party – **Altes Heizwerk:** Dörpumer Str. 14, Bredstedt, Tel. 046 71 600 80 40, www.altes-heizwerk.de. Weithin bekanntes Kultur- und Veranstaltungszentrum. Am Wochenende DJs oder Livemusik, zwei Bars und eine Lounge zum Chillen; Comedy und Theatervorführungen.

Infos und Termine

Touristeninformation Bredstedt: Markt 37, 25821 Bredstedt, Tel. 04671 58 57, www.nordseeurlaub.sh.
Bahn: Bredstedt ist Station an der IC-Strecke Hamburg–Westerland.

Umgebung von Bredstedt

Langenhorner und Bordelumer Heide (▶ E 3): Das schöne Naturschutzgebiet mit artenreicher Heide und Lehrpfad liegt etwa 4 km nördlich von Bredstedt. Ausgangspunkt für Wanderungen ist der Parkplatz an der B 5. Auf dem Weg dorthin passiert man den **Stollberg,** mit 44 m eine der höchsten Erhebungen Nordfrieslands. Vom Aussichtsturm bietet sich ein grandioser Blick über Köge sowie die Halligwelt im Westen. Info-Broschüren mit Radwandertouren sind in der Touristinfo in Bredstedt oder im Amsinck-Haus auf der Hamburger Hallig (s. S. 98) erhältlich.

Drelsdorf (▶ F 4): Eine überwältigend reiche Ausstattung hütet die romanische Feldsteinkirche aus der Zeit um 1200 in dem kleinen Ort 6 km südöstlich von Bredstedt. Über und über ist das Kirchenschiff mit Ausmalungen geschmückt. Von der Inschrift des Epitaphs Bonnix (1656/1657) ließ sich Theodor Storm zu seiner berühmten, 1876 verfassten Novelle »Aquis Submersus« inspirieren. Es zeigt den zehnjährigen Pastorensohn Heinrich Bonnix, einen blassen Knaben im Sonntagsstaat mit einer roten Blume in der Hand. Die Inschrift lautet: »aquis incuria servi submersus« – »durch Nachlässigkeit des Knechtes in den Wassern untergegangen«.

Hamburger Hallig (▶ E 4): s. S. 96.

Dagebüll ▶ D 3

Viele kennen von Dagebüll (900 Einw.) nur den Hafen, der Ausgangsort für Überfahrten zu den Inseln Föhr und Amrum ist. Seitdem die Parkplätze von Privatwiesen im Dorf ins nahe Umland verlegt wurden, geht es hier ruhiger zu. Der hübsche, weitgehend unbekannte Ortsteil **Dagebüll-Kirche** liegt nur 1 km im Landesinnern. Einen Abstecher lohnt das zu Dagebüll gehörende am Hauke-Haien-Koog gelegene, malerische Kirchdorf **Fahretoft**. Im kleinen **Fährhafen Schlüttsiel** legen Ausflugsschiffe bzw.Fähren ins nordfriesische Wattenmeer und zu den Halligen ab. Außer dem Anleger gibt es ein Hotel/Restaurant mit Fährblick und ein kleines Informationszentrum des Vereins Jordsand, der den Hauke-Haien-Koog betreut (Info www.jordsand.eu).

Übernachten, Essen

Super Aussicht – **Strandhotel Dagebüll:** Koogwarft, direkt am Hafen, Tel. 04667 212, www.strandhotel-dage buell.de, DZ 88–125 €. Komfortable Zimmer, fast alle mit Meerblick – den hat man auch beim Essen im Café-Restaurant.

Friesisch wie der Name – **To olen Slüüs:** Osterdeich 4, Dagebüll-Kirche, Tel. 04667 373, www.pension-dagebu ell. de, tgl. ab 17.30, So, Fei zusätzlich 11.30–13.30 Uhr, DZ ab 50 €. Pension mit einfachen Zimmern, gemütliches Restaurant mit eigener Fischräucherei.

Einsame Lage – **Hof Paradies:** Norderster Weg, Galmsbüll, Tel. 04048 69 78, www.hofparadies.de, Ferienwohnung 39–59 €. Vier Ferienwohnungen (für 2–3 bzw. 4–6 Pers.) in einem reetgedeckten Friesenhaus von 1797, großer Garten.

Sport und Aktivitäten

Strände – **Grüner Strand** in einer weit geschwungenen Bucht neben dem Fähranleger in Dagebüll. Eine Besonderheit sind die bunten Badebuden (in Privatbesitz). Grüne Badestrände gibt es auch in **Schlüttsiel** und **Südwesthörn.**

Paddeln – **Kanu-Service Südtondern:** s. S. 24

Infos und Termine

Touristeninformation Dagebüll: Am Badedeich 1, 25899 Dagebüll, Tel. 04667 950 00, www.nordfrieslandtou rismus.de.

Bahn: Bahnverbindung mit Niebüll, dort Anschluss an IC.

Schiff: Dagebüll und Schlüttsiel sind Fähr- und Ausflugshäfen zu den Inseln Föhr und Amrum sowie zu den Halligen Oland, Gröde (s. für beide S. 105), Langeneß und Hooge (Adressen der Reedereien s. S. 27).

Ausflüge von Dagebüll und Schlüttsiel

Hauke-Haien-Koog (▶ D/E 3): Hinter dem Schlüttsieler Deich erstreckt sich das vogelreiche Speicherbecken des Hauke-Haien-Koogs, das auf ruhigen Seitenstraßen mit dem Fahrrad umrundet werden kann. Der zwischen 1959 und 1962 mit dem bis dahin flachsten Deichprofil eingedeichte Koog wurde nach der zentralen Figur der berühmten Novelle »Der Schimmelreiter« benannt, obwohl Theodor Storm vermutlich nicht diesen Deichabschnitt, sondern die Hattstedtermarsch nördlich von Husum vor Augen hatte. Ausgangspunkt der Radtour um den Hauke-Haien-Koog ist der Parkplatz hinter dem Fährhaus Schlüttsiel. Man folgt dem Seedeich ein Stück Richtung Norden, bis die Straße zum idyllischen Dorf **Fahretoft** abzweigt. Die Rundtour führt am Bottschlotter See (tideunabhängige Bademöglichkeit) und am **Gasthof Bongsiel** (s. u.) vorbei zum Seedeich zurück. Am Deich entlang geht es nach Schlüttsiel. Dauer der Radtour etwa 1,5 Std.

Oland/Gröde: `direkt 13` ▶ S. 103.

Hooge ▶ C/D 4

Die von einem höheren Sommerdeich umgebene ›Königin der Halligen‹, die nur noch vier- bis fünfmal im Jahr »Land unter« melden muss, wird im Sommer von Tagestouristen buchstäblich überschwemmt.

Touristischer Mittelpunkt der Hallig ist die **Hanswarft** mit Touristinformation (s. S. 106), Kaufmann und dem Infozentrum der Schutzstation Wattenmeer. Die berühmteste Attraktion auf der Hanswarft ist der reich ausgestattete **Königspesel** (›Pesel‹ = ›gute Stube‹) im Haus des Kapitäns Tade Hans Bandix von 1776. Im Jahr 1825 übernachtete hier König Friedrich VI. von Dänemark, als er durch widrige Winde auf der Hallig festgehalten wurde.

Gleich nebenan lohnt das **Heimatmuseum** einen Besuch. Interessant ist der Film über das ›Volllaufen‹ der Hallig, der im Sturmflutkino in der Saison alle 20 Minuten gezeigt wird. (Alle genannten Sehenswürdigkeiten sind während des Aufenthaltes der Tagesgäste geöffnet.)

Zum Programm der Tagesgäste gehört auch die **Kirchwarft.** Die kleine Inselkirche wurde zwischen 1637 und 1641 gebaut. Bemerkenswert ist die 1734 von einem Grönlandfahrer auf hoher See geschnitzte Tür zur Kanzel, die eine Walmutter mit ihrem Jungen zeigt. Die Kirche bzw. die Kirchwarft ist von Dienstag bis Sonntag frei zugänglich. ▷ S. 106

Kiekt mal rin …

… un bliwt nen beeten da! In früheren Zeiten wartete man im **Gasthof Bongsiel** auf die Tide, um zu den Inseln und Halligen übersetzen zu können. So mancher Künstler hat dem Wirt für die Zeche statt Barem ein Bild hinterlassen, rund 150 Originale von Malern aus dem Norden hängen in den gemütlichen Gaststuben in Ockholm-Bongsiel am Hauke-Haien-Koog, geboten wird eine schmackhafte Küche, das Fleisch von Lamm und Rind stammt aus Nordfriesland (Gaststätte Bongsiel, Tel. 04674 14 45, www.bongsiel.de, Mo 17–22, Mi–So 11.30–14, 17–22, im Winter Mi–So 17–22, So auch 11.30–14 Uhr, Hauptgerichte ab 9 €).

13 | Perlen des Hallig-Archipels – Oland und Gröde

Karte: ▶ D 3/4 | **Start der beschriebenen Schiffsfahrt:** Schlüttsiel

Der Hafen von Schlüttsiel [1] **ist das Tor zu den Halligen. Am schönsten ist ein Ausflug mit der ›MS Rungholt‹, dem mit viel Holz ausgestatteten Schiff von Kapitän Petersen. Die ganzjährig bewohnten Halligen Oland und Gröde gehören zu den Perlen des Hallig-Archipels, nicht nur im Juli, wenn der Halligflieder blüht.**

Alltag im Halligmeer

Das charmante kleine Ausflugsschiff ›MS Rungholt‹ fährt nach Langeneß, Hooge oder zu den Seehundbänken. Wenn es nach Oland und Gröde geht, wird erst einmal gepackt und verstaut – Bananenkartons mit Lebensmitteln, die beim Kaufmann auf dem Festland bestellt wurden, Koffer von Urlaubern, die länger auf der Hallig bleiben. Der Fahrplan richtet sich nach den Gezeiten: Gröde und Oland können nur bei Hochwasser angelaufen werden, an manchen Tagen stehen beide Halligen auf dem Programm. Mal steuert Kapitän Petersen dann zuerst Oland an, mal Gröde. Bevor es losgeht, wird unten im Salon Kaffee gekocht, seit jeher gefiltert und von Hand aufgegossen.

Liebliches Oland

Die ›MS Rungholt‹ geht in dem kleinen Hafen von **Oland** [2] in Sichtweite der einzigen Warft vor Anker. Dicht beieinander liegen hier die Halligkirche, knapp 20 Häuser und ein reetgedeckter Leuchtturm. Bereits um 1231 wurde Ullaun (›altes Land‹) im »Erdbuch« von Waldemar II. genannt und gilt damit als älteste Hallig. Um 1800 gab es hier noch drei Warften. Die fortschreitenden Landverluste im Westteil der Insel wurden durch Landgewinn im Osten wieder ausgeglichen, vor allem seit 1860 der erste Damm zum Festland entstand.

Neugierig strömen die Tagesgäste vom Anleger hinauf zur Warft. An ihrem

Westrand liegt die um 1824 errichtete Halligkirche, die den Sturmfluten von 1825 und 1962 trotzte und zuletzt 1976 und 1981 unter Wasser stand.

Wasser per Helikopter

Im Zentrum der Oländer Warft befindet sich ein von hübschen Hallighäusern gesäumter ›Fething‹. In diesem Teich wurde Regenwasser gesammelt, das zum Tränken des Viehs diente. Peitschte bei einer Sturmflut die See so hoch, dass die Warft überflutet wurde und sich der Fething mit Meerwasser füllte, waren die Wasservorräte auf einen Schlag ungenießbar. Das geschah zuletzt während der Sturmflut im Februar 1962. Nach dem Orkan mussten die Halligen mit Hubschraubern und Spezialschiffen vom Festland aus mit Trinkwasser versorgt werden. Um derartige Wassernotlagen in Zukunft zu verhindern, begann man mit dem Verlegen von Wasserleitungen durch das Watt. Bereits ein Jahr nach der großen Flut erhielten Oland und Langeneß Anschluss an das Wassernetz. 1970 folgten die Hamburger Hallig und über die Insel Pellworm auch Hooge. 1975 floss Trinkwasser nach Nordstrandischmoor, nach Gröde noch ein Jahr später.

Vorbildliche Wahlbeteiligung

Nächster Stopp: **Gröde** [3]. Hier gehen Übernachtungsurlauber von Bord der ›Rungholt‹, sie werden vom Vermieter mit dem Trecker abgeholt. Der Strom der Tagesgäste zieht zu Fuß zu den zwei bewohnten Warften. Auf der Knudswarft

Übrigens: Die Fethinge dienen heute als Löschwasserteiche und als Speicher für Notzeiten, die trotz Wasserleitung nicht ausgeschlossen werden können.

gruppieren sich vier reetgedeckte Wohnhäuser um den malerischen Fething. Als kleinster Wahlbezirk Deutschlands macht Gröde regelmäßig von sich reden. Bei der Bundestagswahl am 29. September 2009 waren 13 der 17 Halligbewohner wahlberechtigt, die Wahlbeteiligung lag bei vorbildlichen 100 %, das Wahlergebnis konnte sofort nach Schließung des Wahllokals, des Wohnzimmers des Bürgermeisters, verkündet werden.

Das lang gestreckte Gebäude auf der benachbarten Kirchwarft vereint Kirche, Schule und die Wohnung der Lehrerin (das ehemalige Pastorat). Die Kirche aus dem Jahr 1779 ist die siebte seit der großen Flut im Jahr 1362, und auch sie wäre wohl mittlerweile untergegangen, wenn nicht der Staat im Jahr 1899 das gefährdete Halligufer gegen weiteren Abbruch befestigt hätte. Das Eiland hat zwar eine eigene Lehrerin (für zwei Schüler), aber keinen eigenen Geistlichen. Der Pastor kommt zu Gottesdiensten von Langeneß angereist – je nach Wetter alle vier bis fünf Wochen.

Land unter

Obwohl die meisten Halligen heute durch einen niedrigen Sommerdeich geschützt sind, heißt es bei größeren Sturmfluten noch immer »Land unter«, dann gucken nur die Häuser aus dem Wasser. Alle Hallighäuser liegen auf Warften – künstlich aufgeworfenen Hügeln. Hierhin werden die Schafe getrieben, hier werden die Traktoren und die wenigen Autos (auf Hooge und Langeneß) geparkt. Land unter bedeutet nicht – wie viele Binnenländer meinen – ein Unglück für die Halligbewohner. Auf eine Art sind die Land-unter-Tage gemütlicher als normale Tage. Man sitzt im Trockenen und schaut hinaus in den Sturm. Weil der Meeresspiegel steigt, sind die Warften in den vergangenen

Wenn der Bauer die Gäste mit dem Traktor abholt – auf Gröde

Jahrzehnten immer wieder erhöht bzw. von einem Ringdeich umgeben worden. Fast alle Hallighäuser sind heute mit einem auf tief gegründeten Betonpfählen ruhenden, sturmflutsicheren Schutzraum ausgestattet, in dem ihre Bewohner sichere Zuflucht finden können, Gefahr für ihr Leben droht nicht mehr. Das war nicht immer so.

Da blieben nur noch zehn …

Sturmfluten sowie dramatische Verluste von Menschen, Vieh und Land prägen die wechselvolle Geschichte der Halligen. Während der Februarflut 1825 wurden auf den Halligen von 339 Häusern 233 so verwüstet, dass sie unbewohnbar waren. 74 Halligbewohner und alle Schafe ertranken. Wellen und Brandung nagten an den kleinen Eilanden, bis sie durch Sicherungsarbeiten ab Ende des 19. Jh. vor dem sicheren Untergang bewahrt wurden. Da waren von einst über 100 Halligen nur noch zehn übrig: Hooge, Langeneß, Oland, Gröde, Habel, Hamburger Hallig, Nordstrandischmoor, Südfall, Süderoog und Norderoog.

Infos

Planung: Oland und Gröde stehen im Sommerhalbjahr auf dem Ausflugsprogramm vieler Reedereien (Adressen s. S. 27). Die ›MS Rungholt‹ fährt ab Schlüttsiel, Info: Kapitän Petersen, Tel. 04667 367, www.halligmeer fahrten.de. Die Kombifahrt Oland/Gröde kostet 15 €.

Essen und Trinken

Gaststätte Kiek in auf Oland, **Monikas Kiosk** auf Gröde, geöffnet bei der Ankunft der Tagesgäste.

Essen und Trinken

Restaurants und Cafés – auf der **Backenswarft** nahe dem Anleger und auf der **Hanswarft**. Sehr gemütlich ist die **T-Stube** auf der Hanswarft.

Infos

Touristeninformation: Hanswarft, Tel. 04849 91 00, www.hooge.de.

Anreise: Im Sommerhalbjahr wird die Hallig 2 x tgl. im Linienverkehr zwischen Schlüttsiel, den Halligen Hooge und Langeneß sowie Amrum angesteuert (s. S. 27), außerdem Ausflugsschiffe von den Inseln und vom Festland, s. www.wattenmeerfahrten.de, www.see adler-hooge.de, www.adler-schiffe.de.

Ankunft: Bei Ankunft der Schiffe stehen Pferdekutschen bereit, die die wichtigsten Sehenswürdigkeiten anfahren. Wer lieber individuell unterwegs ist, leiht sich ein Fahrrad am Anleger.

Langeneß ▶ C/D 4

Mit insgesamt 18 Warf(t)en ist Langeneß die größte der Halligen. Der Anleger liegt am Westende der Hallig, eine Autostraße führt gen Osten und zweigt zu den einzelnen Warften ab, fast 10 km sind es von einem Ende zum anderen: Auf der **Rixwarf,** unmittelbar oberhalb des Fähranlegers, befindet sich ein kleines Nationalpark-Informationszentrum. Vorbei an der Warft **Hilligenley** (Hotel und Restaurant) folgt man der Autostraße.

Die malerische **Ketelswarf** in der Mitte der Hallig schmücken mehrere alte reetgedeckte Friesenhäuser, darunter das sehenswerte **Kapitän-Tadsen-Museum** (in der Saison Führungen Mo–Sa 13.30 Uhr) und eine rekonstruierte **Bockmühle** (älteste Windmühlenform, bei der das ganze Mühlenhaus in den Wind gedreht wurde). Auf der Ketelswarf befinden sich das Fremdenverkehrsbüro sowie ein Café.

Ein Kleinod alter Friesenkultur ist die **Friesenstube** auf der benachbarten Honkenswarf (Führungen Di, Do 10.30 Uhr, sonst in Verbindung mit Schiffsausflügen). Von 1894 stammt die reich ausgestattete Kirche auf der **Kirchwarf** mit bemerkenswerten Deckenmalereien. Zum Besuch des Kaufmanns auf der Hunnenswarf im Ostteil von Langeneß bleibt Tagesgästen kaum Zeit. Am Ostende liegt auch der **Lorenbahnhof.** Langeneß ist durch einen Lorendamm mit Oland und dem Festland verbunden. Die selbst gebastelten Gefährte sind interessante Fotomotive.

Von hier geht es nicht mehr weiter. Wer zu Fuß unterwegs ist, kann entlang der Halligkante zurück zum Anleger gehen. Mit dem Rad bleibt nur der Rückweg auf der asphaltierten Straße.

Infos

Fremdenverkehrsbüro: Ketelswarf, Tel. 04684 217, www.langeness.de.

Anreise: s. o., Hooge

Ankunft: Bei Ankunft der Ausflugsdampfer wartet in der Regel der Hallig-Express. Wer mit der Fähre anreist, macht sich zu Fuß auf oder leiht sich auf der Rixwarf am Anleger ein Fahrrad.

Föhr ▶ C/D 3

Die Inseln und Halligen rundum bieten Föhr Schutz vor rauen Winden und stürmischer See. Fruchtbares Marschland prägt den Norden, die höher liegende Geest mit einem 15 km langen feinsandigen weißen Strand den Süden der Familieninsel.

Wyk ist ein lebhafter, charmanter Hafen- und Badeort. Die Strandpromenade ist in fünf Minuten vom Anleger zu erreichen: Sie bietet Blick auf die Warften der

Hallig Langeneß und eine große Auswahl an Cafés und Restaurants. Ein Stück vom Strand weg lohnt ein Besuch des **Friesenmuseums.** Es beherbergt eine umfangreiche Sammlung zu Geschichte, Volkskunde, Handwerk sowie Seefahrt und Fischfang. Ein Schwerpunkt ist die Geschichte des Walfangs, auch die viel gerühmte Föhringer Tracht ist ausgestellt (Rebbelstieg 34, www.friesen-museum.de, Di–So 10–17 Uhr).

Föhr besitzt imponierende mittelalterliche Kirchen: die **St.-Nicolai-Kirche** in Boldixum/Wyk, die **St.-Johannis-Kirche** in Nieblum und **St. Laurentius** in Süderende. Prächtige alte Grabsteine von Schiffern und Walfängern findet man auf den Friedhöfen. Bei St. Laurentius liegt Matthias Petersen, der den Beinamen ›der Glückliche‹ erhielt, weil er 373 Wale erlegte. Seinen Grabstein südlich der Kirche ziert neben der Lebensbeschreibung die Glücksgöttin Fortuna über einem schwimmenden Wal.

Als schönstes Inseldorf gilt **Nieblum,** das viele an ein Freilichtmuseum erinnert. Hier kann man bummeln, einkaufen und essen gehen, in der Saison herrscht Trubel. Eine stillere Idylle ist **Oldsum** mit hübschen Friesenhäusern und liebevoll gepflegten Gärten. Einen Abstecher lohnt das Dorf **Alkersum** mit dem wunderbaren **Museum Kunst der Westküste.** Die zwischen 1830 und 1930 entstandenen Bilder der Sammlung zeigen Nordseemotive. Wechselausstellungen, auch zeitgenössische Kunst (Hauptstr.1, Tel. 04681 74 74 00, www.mkdw.de, März–Okt. Di, Mi, Fr–So 10–17, Do 10–20 Uhr, 7 €).

Essen und Trinken

Essen und Trinken in Oldsum – Schön sitzt es sich **Im Apfelgarten,** einem gemütlichen Café mit Galerie (Haus Nr. 86), oder auch in **Stelly's Hüüs,** einem urigen Café mit Töpferei (Nr. 38).

Anreise: mit der Fähre ab Dagebüll, Info bei W.D.R., Tel. 018 05 08 01 40 (14 Cent/Min.), www.faehre.de.
Ankunft: Der Rund-um-die-Insel-Bus verkehrt von Mai bis Okt. alle halbe Stunde ab dem Wyker Hafen, im Winter stdl. Die RundFöhrKarte kostet 5 €, mit der Tageskarte (7 €) kann man Zwischenstopps einlegen und die Rundfahrt etappenweise fortsetzen. Für die Inselerkundung sollte man ein Fahrrad haben (mehrere Fahrradverleiher in Wyk).

Amrum ▶ B/C 3/4
`direkt 14` ▶ S. 108

Niebüll (Naibel) ▶ E 3

Am Rande der ruhigen Kleinstadt (ca. 9200 Einw.) werden die Autos nach Westerland verladen. Viele Urlauber nutzen das verkehrsgünstig gelegene Niebüll als Stützpunkt für Ausflüge zu den Nordfriesischen Inseln und nach Dänemark. Drei sehenswerte Museen laden zum Natur- und Kulturgenuss ein. Das eingemeindete Deezbüll ist die Heimat von Carl Ludwig Jessen (1833–1917). Eines der Werke des ›Friesenmalers‹ ist in der Dorfkirche aus dem späten 13. Jh. zu sehen. Es schmückt die 1730 entstandene Kanzel.

Richard-Haizmann-Museum/ Museum für moderne Kunst
s. S. 114

Naturkundemuseum
Hauptstr. 108, Tel. 04661 56 91, www. nkm-niebuell.de, April–Okt. Di–So 14– 17.30 Uhr, Juni–Aug. auch Mo, 2,50 € Landschaftsdioramen zeigen nordfriesische Flora und Fauna in Wald, Heide und Moor, im Wattenmeer und in Binnengewässern. ▷ S. 111

14 | Sprechende Steine und viel Sand – Amrum mit dem Rad

Karte: ▶ B/C 3/4 | **Planung:** ca. 17 km, Tagestour

Die waldreichste und – wie viele meinen – schönste der Nordfriesischen Inseln gilt ihrer unberührten Natur wegen als Geheimtipp. Sie ist ein wunderbares Ziel für einen Tagesausflug mit dem Rad: Die Hinfahrt nach Norddorf am Inselende führt parallel zum Kniepsand durch schattigen Wald, die Rückfahrt nach Wittdün geht am vogelreichen Watt entlang.

Die Geliebte des Blanken Hans wird die 20 km² große Geestinsel genannt. Während die Sturmfluten unablässig und gefräßig an der großen Schwester Sylt nagen, haben Meer und Wind eine mehr als 10 km² große Sandbank an Amrum herangeschoben, die das Eiland vor der anbrandenden Nordsee schützt. Im Westen, zur offenen Nordsee hin, erstreckt sich vom Wriakhörn im Süden bis zur Odde im Norden der absolut ebene,

bis zum Horizont reichende **Kniepsand** 1 – 15 km lang und 1,5 km breit. Man kann ihn nur zu Fuß erkunden, dazu muss man das Fahrrad stehen lassen, das ist an mehreren Punkten der Tour möglich. Sie beginnt in **Wittdün am Fähranleger** 2 .

Auf Sand gebaut

Der auf drei Seiten vom Meer umgebene, jüngste Inselort ist seit 1889 buchstäblich aus dem weißen Sand gewachsen. Von der Fähre aus wirkt der Ort nicht besonders einladend, doch in der Hauptstraße, die seit einigen Jahren Inselstraße heißt, entdeckt man unauffällige, aber hübsche Häuser. Wer kein eigenes Rad dabeihat, kann sich in Anlegernähe eins leihen. Dann geht es los. Die Autostraße führt hinaus aus dem Ort, eine kurze Strecke fehlt ein Fahrradweg, aber ab Ortsende gelangt man auf einem parallel zur Straße führenden Radweg zum ersten Etappenziel.

Amrum von oben

Der rot-weiß gestreifte Bilderbuch-**Leuchtturm** 3 steht weithin sichtbar auf einer 27 m hohen Düne. 1875 in Betrieb genommen, wurde er 1984 automatisiert und ist mit einer Höhe von 41,8 m der höchste Leuchtturm an der schleswig-holsteinischen Westküste. Seine Lichtsignale reichen 23 Seemeilen (42 km) weit. Früher erhielt der Leuchtturmwärter neben einem kärglichen Gehalt auch etwas Land, mit dem er seinen Lebensunterhalt bestreiten konnte. Mit der Automatisierung des Leuchtfeuers im Jahr 1984 verließ der letzte Leuchtturmwärter den Turm. Wegen der grandiosen Aussicht lohnt der Aufstieg auch für Tagesgäste. Von oben zeigt sich der Aufbau der Insel: Der weite Kniepsand geht in Wald über, es schließt sich ein Streifen Heide an, dann grüne Wiesen und Watt.

Naturparadies im Wald

Am Leuchtturm gabelt sich der Weg, fern der Autostraße geht es jetzt durch den Amrumer Wald. Das hübsche Kapitänsdorf **Nebel** liegt an der Wattseite, das bleibt für die Rückfahrt. Wer Lust auf den Kniepsand hat, kann einen Abstecher zum Nebler Strand machen.

Auf halber Strecke zwischen Nebel und Norddorf befindet sich die 1866 angelegte **Vogelkoje** 4 . Auf allen nordfriesischen Inseln gab es Lebend-Fanganlagen für Wildenten. Die in kleine Wäldchen eingebetteten Süßwasserteiche sind heute wichtige Naturräume für Pflanzen und Tiere. Die Anlage auf Amrum ist frei zugänglich. Familienfreundlich ist der Spielplatz vor der Vogelkoje, der Kiosk im Kojenwärterhaus ist in der Saison ab 10 Uhr geöffnet.

Schnell am Meerufer

Am Ende der Inselstraße liegt Amrums nördlichste Ortschaft, **Norddorf** 5 ,

zwischen Dünen, Strand, Heide und saftig grüner Marsch. Ein unter Pastor Friedrich von Bodelschwingh errichtetes Seehospiz leitete im Jahr 1890 Norddorfs Entwicklung zum Badeort ein. 1892 erwarb der aus Altona stammende Heinrich Hüttmann das alte Schulhaus und baute es zu einem Hotel um. Der mittlerweile stark angewachsene Hüttmannkomplex beherrscht noch immer das Dorfzentrum am Kurpark. Im Sommer zieht ein Strom von Badegästen in Richtung Badestrand.

Auf dem Weg dorthin passiert man das Naturzentrum des **Öömrang Ferian** (Amrumer Vereins) mit Informationen über Wattenmeer, Umweltschutz und die Amrumer Natur. Im selben Gebäudekomplex befinden sich zwei sehenswerte Ausstellungen: eine über den Amrumer Seemann Hark Olufs und dessen Abenteuer in Nordafrika (mit Film), eine andere über den Kojenmann Cornelius Peters und das Leben im alten Amrum.

Spätestens beim Naturzentrum stellt man die Räder ab und legt die paar Schritte zum Strand zu Fuß zurück. Wer mag, kann nun eine Badepause einlegen.

Wenn Grabsteine Geschichten erzählen

Die Rückfahrt mit dem Rad führt über die Wattseite. Etwas außerhalb von Norddorf liegt das zauberhafte **Tee-**

Übrigens: Der Name Nebel hat nichts mit der Wetterlage zu tun, er leitet sich vermutlich von *nia* und *bel* (altdänisch: *boli*) für neue Ansiedlungen ab und verrät das jüngere Gründungsdatum des Ortes gegenüber Norddorf und Süddorf (vgl. auch Nieblum auf Föhr und Niebüll auf dem Festland).

haus **Burg** [1], das allerdings erst nachmittags öffnet. Auf schmalem Wiesenpfad geht es weiter, schon von weitem grüßt die Kirchturmspitze von **Nebel** [6]. Das schönste Inseldorf entstand erst im 16. Jh. um die bereits einige Jahrhunderte zuvor errichtete St.-Clemens-Kirche. In der Walfangzeit setzten sich hier viele zu Wohlstand gekommene Seefahrer zur Ruhe. Ihre idyllischen Häuser schmücken noch heute das Dorf. Beeindruckend sind die ›sprechenden Grabsteine‹ auf dem Friedhof der um 1240 erstmalig erwähnten St.-Clemens-Kirche. In Stein gemeißelte Inschriften und Bilder erzählen von ergreifend schlichten, aber auch schweren Lebensschicksalen. Mit einem Turban geschmückt ist der Grabstein Hark Olufs, der von türkischen Seeräubern gefangen genommen und auf dem Sklavenmarkt von Algier verkauft wurde. Erst zwölf Jahre später kehrte der verloren geglaubte Sohn nach Amrum zurück. Der Grabstein befindet sich linker Hand des Eingangs zum Kirchhof.

Nur die Ruhe …

In dem stillen Dörfchen **Steenodde** [7] führt der Fahrradweg auf dem Deich weiter. Am Seezeichen- und Jachthafen reihen sich bunte Holzhäuser aneinander, im nahen Tonnenhof werden Tonnen und Bojen gewartet. Die schwimmenden Seezeichen weisen Schiffen den richtigen Weg. So markieren rote Tonnen die Steuerbordseite und grüne die Backbordseite. Im Sommerhalbjahr prägen die Masten vieler Segelschiffe den Hafen. Ein etwa halbstündiger Spaziergang führt zurück zum Fährhafen. Der letzte Abschnitt ist für Radfahrer gesperrt. Entweder man schiebt nun oder nimmt den Umweg über die Inselstraße im Ort. Schöner ist es, das Fahrrad mit Blick auf den Fährhafen zu schieben.

Infos

Leuchtturm [3]: Inselstraße, 2 km von Wittdün, in der Saison Mo–Fr 8.30–12.30 Uhr, 2,50 €.
Naturzentrum des Öömrang Ferian: Strunwai 31, Norddorf, Tel. 04682 16 35, www.naturzentrum-amrum.de, April–Okt. Fr–Mi 10–17, Nov–März Mi, Fr–So 12–16 Uhr; Eintritt frei, Spende erwünscht.

Anreise und Weiterkommen

Fähre von Dagebüll: Dauer der Fährfahrt 1,5 Std., legt die Fähre unterwegs in Wyk/Föhr an, braucht sie eine halbe Stunde länger, 3–7 x tgl., Info-Tel. 01805 08 01 40 (14 Cent/Min.), www.faehre.de.
Fahrradverleih [1]: Inselstr. 12, Wittdün, in der Nähe des Fähranlegers, Tel. 04682 94 90 77, www.marcs fahrradverleih.de, tgl. 9–18 Uhr.

Im Programm sind viele Exkursionen und Veranstaltungen.

Friesisches Heimatmuseum

Osterweg 76, im Ortsteil Deezbüll, www.friesisches-museum.de, Juni–Sept. tgl. 14–16 Uhr, 2 €
Das 300 Jahre alte Gehöft veranschaulicht friesische Wohnkultur des 17. und 18. Jh.

Übernachten

Am westlichen Stadtrand – **Jugendherberge Niebüll:** Mühlenstr. 65, 2 km vom Bahnhof, Tel. 04661 93 78 90, www.djh-nordmark.de/jh/niebuell, Übernachtung ab 18,70 €. Die einzelnen Häuser sind wie ein kleines Dorf gruppiert. 1-, 2-, 3- und 4-Bett-Zimmer. Gleich nebenan befindet sich das Naturbad Wehle.

Essen und Trinken

Italienisch – **Casa Piccoli:** Rathausstr. 16a, Tel. 04661 60 03 33, www.casapiccoli.de, Pizza und Pasta ab 7 €, Fisch und Fleisch ab 11 €, preiswerter Mittagstisch. Hier kehren auch Einheimische ein, freundlicher Service.
Gemütlich – **Galerie Café:** Dorfstr. 174, Risum-Lindholm, Tel. 04661 33 87, tgl. 14–18 Uhr. 4 km südlich von Niebüll, Kaffeestunde auf einem ehemaligen Bauernhof aus dem 17. Jh.

Einkaufen

Regionale Produkte – **Wochenmarkt** Sa auf dem Rathausplatz.
Auch Töpferkurse – **Friesentöpferei:** Klanxbüller Str. 4, Niebüll, Tel. 04661 60 08 80, Mo–Fr 8.30–18 Uhr, in der Saison auch Sa, So 10–14 Uhr. Gebrauchskeramik, Kachelofenbau.

Sport und Aktivitäten

Baden – **Naturbad Wehle** mit Sandstrand am westlichen Stadtrand (bei der Jugendherberge). **Erlebnisbad Leck,** Am Stadion 3, Tel. 04662 23 10, www.erlebnisbad-leck.de, 5,30 €. Mit Abenteuer-Rutschbahn und Blockhaus-Außensauna.
Eine kulturelle Perle – **Charlottenhof:** Osterklanxbüll 4, Klanxbüll, 13 km nordwestlich von Niebüll, Tel. 04668 921 00, www.dercharlottenhof.de. Kultur- und Tagungshaus; Theater, Musik, Lesungen, im Frühjahr, Herbst und Winter Kunstmärkte.
Plüschig – **Ecks' Kino:** Hauptstr. 37a, Tel. 04661 40 04, www.ecks-kino.de. Ein altmodisches Verzehrkino – wunderbar!

Infos

Touristeninformation Niebüll: Rathausplatz, 25899 Niebüll, Tel. 04661 94 10 15, www.niebuell.de.
Bahn: Niebüll ist IC-Station. Verladung der Autos von Niebüll nach Westerland/Sylt am südl. Stadtrand. Alle 1–2 Std. Zugverbindung Niebüll–Dagebüll-Mole, auf der Strecke verkehrt auch eine alte Dampflok, in der Hauptsaison am Sa, So. Info: NEG, Tel. 04661 980 88 90, www.neg-niebuell.de.

Umgebung von Niebüll

Nolde-Museum: direkt 15 S. 112
Informationszentrum Wiedingharde (▶ D 2, Toft 1, Klanxbüll, Tel. 04668 313, www.wiedingharder-infozentrum.de, Juni–Sept. Mo–Sa 9–16, So 9–12, Okt.–Mai Mo–Fr 9–12 Uhr): Ein vielseitig genutztes Haus mit reichem Angebot für Jung und Alt: Touristen-Info, Zimmervermittlung, Fahrradverleih, kulturelle Veranstaltungen und Wissenswertes zum Nationalpark. Die Ausstellung »Eine Zeitreise durch die Wiedingharde« erzählt die wechselvolle Geschichte der ehemaligen Hallig. Für Kinder gibt's jede Menge zu erleben: Sie schlüpfen in die Rolle von ▷ S. 115

15 | Grenzenloser Kunstgenuss – zwischen Tønder und Niebüll

Karte: ▶ D/E 1–3 | **Planung:** Niebüll–Tønder 20 km, Tagestour

Mit »3-Top-Kunstmuseen im Umkreis von 20 km« wirbt die deutsch-dänische Grenzregion. Hier war Emil Nolde zu Hause, und sein Name überstrahlt alles und alle. Umso überraschender ist die Entdeckung weiterer Kunst- und Kulturgenüsse in der Umgebung.

Tor zu Skandinavien

Das Kunstmuseum in **Tønder** (Tondern) macht eine Stunde früher auf als das in Niebüll – also beginnt die Tour hier, 4 km nördlich von der dänischen Grenze. Die liebenswerte Kleinstadt erhielt bereits 1243 das Stadtrecht. Vor allem Klöppelspitzen machten sie berühmt und reich.

Die Kulturgeschichte der Stadt kann man im **Museum Sønderjylland** 1 nachvollziehen. Es vereint das Kunst- und das Kulturhistorische Museum in einem bemerkenswerten Gebäudeen-

semble. Mittendrin erhebt sich der Wasserturm. Er weist den Weg zum Museum.

Das 1999 erbaute **Kunstmuseum** (Kunstmuseet i Tønder) wurde 2006 ein Teil des Museums Sønderjylland, das auf mehrere Gebäude und Museen verteilt ist. Gezeigt wird nordeuropäische Kunst mit einem Schwerpunkt auf dem 20./21. Jh. Das **Kulturhistorische Museum** ist gleich nebenan im Schloss untergebracht. Faszinierend sind die Klöppelabteilung, die Sammlung alter Truhen und die alten Gefängniszellen mit eingeritzten Graffiti.

Zwischendurch empfiehlt sich die Besteigung des Wasserturms, der direkt vom Museum aus zugänglich ist – übrigens auch mit dem Fahrstuhl. Der 1902 erbaute und 1995 umgestaltete Turm präsentiert auf sieben Etagen verschiedene Stuhltypen des international bekannten, in Tondern geborenen Architekten und Möbeldesigners Hans J.

Wegner (1914–2007). Von der obersten Etage bieten sich beste Aussichten über Stadt und Marsch.

Vom Museum sind es nur ein paar hundert Meter in die Fußgängerzone. Sehr hübsch sind die Straßen Vestergade, Østergade und Storegade sowie der Marktplatz. Hier lockt die **Alte Apotheke** 1 (Det Gamle Apotek), prall gefüllt mit einer riesigen Auswahl an Kunsthandwerk auf drei Etagen sowie einem ganzjährigen Weihnachtsbasar im Keller.

Die schönste Dorfstraße Dänemarks

5 km westlich von Tønder liegt eines der nettesten Dörfer Dänemarks, **Møgeltønder.** Eine denkmalgeschützte Allee, gesäumt von hübschen reetgedeckten Häusern, führt am königlichen **Schloss Schackenborg** 2 vorbei. Hier wohnt der jüngste Dänenprinz Joachim mit seiner Frau Marie.

Die Straße geht weiter Richtung Süden durch die Tønder Marsch. Ein schöner Blick über den Rutebüller See bietet sich vom hübschen Dorf **Rudbøl,** hier verläuft die deutsch-dänische Grenze. In dem benachbarten, auf der deutschen Seite liegenden Dorf Rosenkranz ist der Weg nach Seebüll ausgeschildert. In beiden Grenzorten gibt es historische ›Grenzkrüge‹, in die man einkehren kann.

Haus und Garten des Malers

Wie eine Festung thront das einstige Atelier und Wohnhaus des Malers Emil Nolde, heute die **Nolde Stiftung Seebüll** 3 (s. Bild S. 112), auf der Seebüller Warft über der Marsch. Emil Nolde (1867–1956) hieß eigentlich Emil Hansen und wurde auf dem elterlichen Bauernhof in Nolde unweit von Tondern geboren. Später nahm er als Künstlernamen den Namen seines Geburtsortes an. Er lernte in Flensburg das Schnitzen, war Zeichenlehrer in St. Gallen, lebte in Paris und Kopenhagen, kehrte aber immer wieder nach Seebüll zurück, wo von 1927 bis 1937 ein Wohnhaus samt Atelier im kühlen Stil der Neuen Sachlichkeit entstand. Im Nationalsozialismus wurde er 1941 als ›entarteter‹ Künstler aus der Reichskunstkammer ausgeschlossen und erhielt Malverbot. Über 1000 seiner Arbeiten wurden beschlagnahmt. Er verlegte sich auf kleine Formate: Von 1941 bis 1945 entstanden in einem versteckten Raum etwa 1300 sogenannte ›Ungemalte Bilder‹, meist Aquarelle oder Zeichnungen. Im Museum sind rund 200 Werke von Emil Nolde zu finden, darunter auch viele der ›Ungemalten Bilder‹. Ein Spaziergang durch den von ihm angelegten Blumengarten bietet zu jeder Jahreszeit andere Stimmungen.

Einsames Grenzland

Kultur und Natur gehen in Nordfriesland meist Hand in Hand. Die Weiterfahrt nach Niebüll führt durch den **Gotteskoog** 4. In dem seit dem 16. Jh. eingedeichten Gebiet hatte man immer wieder mit Überschwemmungen zu kämpfen. Mit großem Aufwand wurde der Koog trockengelegt, jetzt wird er wieder renaturiert. Am östlichen Rand des Gotteskoogsees (Bundesgaarder See) befindet sich eine Informationshütte mit Aussicht auf das Naturschutzge-

Übrigens: Wer im nördlichen Schleswig-Holstein oder im südlichen Dänemark auf Entdeckungstour gehen möchte, findet viele detailliert beschriebene Vorschläge für interessante Ausflüge, Museumsbesuche und geführte Touren auf der Website www.erlebnistouren-nordfriesland.de.

biet, ein Wanderweg führt zu dem von dichtem Schilf umgebenen See.

Einer, der die Abgelegenheit des nördlichen Nordfrieslands schätzte, war der Bildhauer und Maler Richard Haizmann (1895–1963), der sich in der Zeit des Nationalsozialismus von Hamburg nach **Niebüll** zurückzog, wo er bis zu seinem Tod lebte. Das denkmalge-schützte Rathaus aus dem Jahr 1928 beherbergt das **Richard-Haizmann-Museum/Museum für moderne Kunst** 5, die letzte Etappe der Kunsttour. Neben wechselnden Ausstellungen gehören Haizmanns Bilder, Plastiken, Zeichnungen und Grafiken zu den präsentierten Kunstschätzen. Gegenständlich und doch modern sind seine Werke.

Infos

Kunstmuseum in Tondern 1: (Kunstmuseet i Tønder), Kongevej 51, www.museum-sonderjylland.dk, Juni–Aug. tgl. 10–17, Sept.–Mai Di–So 10–17 Uhr, 40 Kr, erm. 25 Kr, Kinder unter 18 Jahren gratis.
Schloss Schackenborg 2: Mögel-tønder. Das Schloss ist nicht zugänglich, Führungen auf Dänisch durch den Schlossgarten, Ende Mai–Ende Juni Mi 14–14.30, Juli und Aug. Mi und Do 14–14.30, 14.40–15.10 Uhr, 4,50 €.
Nolde Stiftung Seebüll 3: Seebüll, Neukirchen. Tel. 04664 98 39 30, www.nolde-stiftung.de, März–Nov. tgl. 10–18, Juni–Sept. Do bis 20 Uhr, Erw. 8 €, Schüler und Studenten 3 €.
Richard-Haizmann-Museum 5: Rathausplatz 2, Niebüll, Tel. 04661 10 10, www.haizmann-museum.de, in der Saison Di–Fr 11–16.30, Sa 11–13, So 14–17, im Winter Di–So 15–18 Uhr, 1,50 €.

Einkaufen, Essen und Trinken

Die Alte Apotheke 1 (Det Gamle Apotek): Østergade 1, www.det-gamle-apotek.dk, März–Jan. tgl. 9.30–17.30 Uhr. Schräg gegenüber auf dem Markt gibt es die berühmten *røde pølser* (roten Würstchen) mit Senf, Ketchup, diversen Soßen, Zwiebelringen und Gewürzgurkenscheiben.

Unterwegs mit Rad und Bahn

Die Tour von Tønder nach Niebüll eignet sich als Radtour. Sie verläuft entlang des Nordsee-Radwegs (www.nordsee-radweg.info) bzw. der Grenzroute (www.grenzroute.com) und ist gut ausgeschildert. Ein Zug, der Fahrräder mitnimmt, verkehrt zwischen Niebüll und Tønder im Sommerhalbjahr etwa alle 2 Std., Info: Tel. 04661 980 88 90, www.neg-niebuell.de.

Niebüll–Tønder
5 km
TØNDER
Møgeltønder
Rudbøl
Rosenkranz
Seebüll
Neukirchen
SÜDERLÜGUM
Hattersbüll-hallig
Uphusum
Brarup
Gotteskoog
Klixbüll
NIEBÜLL

Tieren – Schaf, Kuh, Austernfischer oder Kiebitz.

Tønder (Tondern): ▶ E 1/2, s. S. 112

Sylt ▶ B/C 1–3

Der 40 km lange, feinsandige Sandstrand im Westen ist der schönste an der ganzen Nordseeküste. Die Westküste Sylts ist Brandungsküste, das Wasser ist immer da, man kann hier baden. Die Ostküste dagegen ist ruhiges Wattenmeer. Die ›Insel der Reichen und Schönen‹ bietet eine unglaubliche Vielfalt an reizvollen Naturlandschaften: Hoch im Norden, im Listland, erstrecken sich mächtige Wanderdünen. Berühmt sind die Kliffs: das **Weiße Kliff** unterhalb der Braderuper Heide, das farbenreiche **Morsumkliff** im Osten sowie das **Rote Kliff** zwischen Kampen und Wenningstedt.

Inselorte

Die Inselhauptstadt **Westerland** ist in architektonischer Hinsicht kaum attraktiv zu nennen. Es wird viel über die Bausünden der 1960er-Jahre, über das Verkehrschaos und den Massentourismus geschimpft, und doch möchten die Sylturlauber die einzige Stadt der Insel nicht missen: Hier kann man bummeln, einkaufen, schlemmen und tanzen. Vom Bahnhof sind es nur fünf Spazierminuten bis zur Promenade mit Musikpavillon und Panorama-Cafés am Meer.

Den Gegenpol bildet **Keitum** an der ruhigen Wattseite der Insel. Der alte Kapitänsort gilt als das schönste aller Friesendörfer (Bahnstation). Sehenswert sind die alte Seefahrerkirche **St. Severin** (12. Jh.) sowie zwei Museen: das **Sylter Heimatmuseum** (Am Kliff 19) und das **Altfriesische Haus** (Am Kliff 13, beide in der Saison tgl. 10–17 Uhr, je 3,50 €).

Kampen, mit vielen hübschen Reetdachhäusern und bekannt für seine Szenetreffs, ist das Domizil einiger Prominenter. Mit Blick zum Watt werden leckere Kuchen im **Café Kupferkanne** serviert.

Auch der Fährort **List** im Norden ist einen Besuch wert: Hier legt die Fähre nach Dänemark ab. Grandios ist das neue **Erlebniszentrum Naturgewalten.** Hier werden spielerisch und unterhaltsam alle Fragen zu den drei großen Themen beantwortet: Die »Kräfte der Nordsee«, »Klima und Wetter« und »Leben mit Naturgewalten« (www.naturgewalten-sylt.de, tgl. 10–18, im Juli/Aug. 10–22 Uhr, 11 bzw. 12 € mit und ohne Gästekarte). Am Lister Hafen reiht sich ein Restaurant ans andere, darunter die **Alte Bootshalle** des Fischspezialisten Gosch.

Das alte Strandräubernest **Hörnum** ganz im Süden von Sylt, ist heute ein Familienbad. Auf drei Seiten ist der Ort von Meer umgeben. Ein sehr empfehlenswerter Spaziergang führt um die **Hörnum-Odde** herum. Nirgendwo auf Sylt ist die Abtragung des Strandes durch die nagende Nordsee so spektakulär wie hier.

Infos

Touristeninformation: im Bahnhof von Westerland.

Bahn: Endstation der Bahn ist Westerland. Niebüll–Westerland mit der Nord-Ostsee-Bahn (NOB) 36 Min., 7,20 €; Klanxbüll–Westerland 25 Min., 5,10 €; Fahrradtageskarte 4,50 €.

Mit dem Rad: Egal ob man in List, Westerland oder Hörnum ankommt: Auf der ehemaligen Trasse der Inselbahn verläuft ein Radweg von List im Norden bis Hörnum im Süden. Wer keine Lust auf Gegenwind hat, kann eine Strecke mit dem Bus fahren (Fahrradanhänger).

Register

Register

Unterwegs mit Claudia Banck

Die Historikerin und Skandinavistin Claudia Banck ist in Schleswig-Holstein aufgewachsen. Nach vielen Reise- und Studienjahren kehrte sie nach Norddeutschland zurück und lebt heute mit ihrer Familie in Mecklenburg-Vorpommern. Als freischaffende Autorin ist sie dem Norden immer treu geblieben. Reiseführer über Skandinavien, die Welt der Wikinger und die deutsche Nordseeküste bieten ihr wunderbare Gelegenheiten, dort häufig unterwegs zu sein – am liebsten zu Fuß im Land vor dem Deich: im Sommer auf Sandbänken oder im Watt, im Herbst, wenn die Zugvögel sich sammeln, in den Salzwiesen und auf den Halligen.

Abbildungsnachweis:
Claudia Banck, Sukow: S. 38, 41, 44, 51, 55, 57, 61, 80, 98, 103, 105
DuMont Bildarchiv, Ostfildern: 75, 93, 108, Umschlagrückseite (Lubenow); Umschlagklappe vorn, 7, 31, 81, 86, 112 (Raach)
Huber, Garmisch-Partenkirchen: 66 (Bäck); 11 (Giel)
iStockphoto, Calgary (Kanada): S. 16 (Ockra)
laif, Köln: 69 (Blickle); 15 (Gluecklich); 60 (Henkelmann); 4/5 (Hub); 72 (Schwelle); 84 (Zahn)
look, München: Titelbild (Wohner)
Mauritius, Mittenwald: S. 13 (imagebroker/Krabs), 9 (imagebroker/Tack), 89 (Krüger), 28/29 (Rossenbach), 35 (Schmies)
Michael Stolle, Sukow: 120

Kartografie:
DuMont Reisekartografie, Fürstenfeldbruck
© DuMont Reiseverlag, Ostfildern

Umschlagfotos
Titelbild: Drachen am Strand von St. Peter-Ording
Vordere Umschlagklappe: Leuchtturm auf Pellworm

Hinweis: Autorin und Verlag haben alle Informationen mit größtmöglicher Sorgfalt geprüft. Gleichwohl sind Fehler nicht vollständig auszuschließen. Alle Angaben erfolgen ohne Gewähr. Bitte, schreiben Sie uns! Über Ihre Rückmeldung zum Buch und Verbesserungsvorschläge freuen sich Autorin und Verlag:
DuMont Reiseverlag, Postfach 3151, 73751 Ostfildern,
info@dumontreise.de, www.dumontreise.de

1. Auflage 2011
© DuMont Reiseverlag, Ostfildern
Alle Rechte vorbehalten
Redaktion/Lektorat: Anne Winterling
Grafisches Konzept: Groschwitz/Blachnierek, Hamburg
Printed in Germany